Rückschläge
und andere **Erfolge**

*Biografische Erinnerungen
von Jürg Opprecht*

www.werdverlag.ch

Rückschläge und andere **Erfolge**

*Biografische Erinnerungen
von Jürg Opprecht*

WERDVERLAG.CH

Impressum

Alle Rechte vorbehalten, einschliesslich derjenigen des auszugsweisen Abdrucks und der elektronischen Wiedergabe.

© 2017 Werd & Weber Verlag AG, CH-3645 Thun/Gwatt

Autor
Roman Salzmann

Bilder
Archiv Familie Opprecht

Foto Umschlag
Ruben Ung

Gestaltung Umschlag
Jon Opprecht

Satz und Gestaltung
Rahel Gerber, Werd & Weber Verlag AG

Lektorat
Lars Wyss, Werd & Weber Verlag AG

Korrektorat
Romina Del Principe, Werd & Weber Verlag AG

ISBN 978-3-85932-902-7

www.werdverlag.ch
www.weberverlag.ch

Inhaltsverzeichnis

Vorworte 7

Intro 11

1. Elterliche Vorherbestimmung –
   zwischen Leidenschaft und Vernunft 13

2. Kompromisslos leidenschaftlich –
   Berufung statt Beruf.. 41

3. Die folgenschwere Entscheidung 55

4. Menschenfreund, Entwicklungshelfer und
   Wirtschaftsförderer in einem 91

5. Der Investor – geschickt, gescheitert und gescheiter 107

6. Zweimal Krebs und mehr – was nun?............................ 129

7. Fazit 155

Autorenporträt 163

Vorworte

Gunnar Olson hatte das Privileg, Jürg Opprecht persönlich im Rahmen seines internationalen Engagements kennenzulernen. Im Gegenzug betrachtet es Jürg Opprecht als Vorrecht, in Gunnar Olson einen der wichtigsten Förderer und Mentoren in seinem Leben gefunden zu haben. Die spannende Beziehung der beiden reflektiert sich im Vorwort von Gunnar Olson zu dieser Biografie, das ausnahmsweise in Englisch abgedruckt wird, jener Sprache, in der die beiden kommunizieren und in der sich Jürg Opprecht besonders gerne ausdrückt.

I have had the privilege to know Jürg Opprecht and to follow his fascinating walk of life since 1994 when we met in Seoul, Korea, at the Distinguished Leaders Commission within the framework of the Global Consultation of World Evangelization. This became the entry point for a lifelong friendship and a fellowship that I appreciate highly.

Through his life Jürg Opprecht demonstrates an important principle, namely the difference between having respect and a high regard for the Word, by viewing it from the outside, as compared to living the Word and «doing» the Word. What the Apostle Paul writes in Rom. 1:5 is therefore true with regard to the author: «Through Him we have received grace and apostleship for obedience to the faith among all nations for His name».

The author's mission has not been preaching and evangelizing the world as we commonly know missions. It has been through demonstrating the love of God in an unique and practical way, resulting in hundreds of companies providing a platform for thousands to have a life and serve as a testimony of God's love to the nations.

This kind of life is not possible unless we remain in the dynamic power of the Word in spite of the fact that we sometimes feel as we have understood all, and that we are «finished» with the Word, just to discover that the Word is not finished with us.

There is a greatness and a glory revealed through this story of «setbacks and other triumphs». But what overall remains is the fragrance of obedience and of humbleness before the Lord. What greater thing could there be in a life?

It is my prayer that many will respond to the call of the Lord to enter into an intimate walk with the Lord, and to receive insight and revelation into the ways of the Lord by Jürg Opprecht's inspiring testimony.

J. Gunnar Olson
Founder of International Christian Chamber of Commerce (ICCC)

Mit der vorliegenden Biographie wird das in der Öffentlichkeit viel zitierte Klischee vom ausschliesslich gewinngetriebenen Unternehmer eindrücklich widerlegt. Unternehmerisches und soziales Engagement, gleichzeitige Verantwortung für Betrieb und Gesellschaft gehen hier Hand in Hand. Dabei liegen Erfolge und Rückschläge erfahrungsgemäss nah beieinander. In beidem weiss sich Jürg Opprecht durch seinen lebendigen Glauben an Gott getragen.

Nationalrat Hans-Ulrich Bigler,
FDP.Die Liberalen ZH

«Wer sich selber nicht führen kann, wird kaum andere führen können»: Hier spricht einer, der mit den ihm geschenkten Talenten gewuchert hat, «ad maiorem Dei gloriam», wie man früher zu sagen pflegte. Jürg Opprechts Buch sei allen empfohlen, die selber mit ihren eigenen Talenten an ihrem je eigenen Ort wuchern wollen, «zur höheren Ehre Gottes».

Pfr. Dr. Gottfried Wilhelm Locher,
Ratspräsident des Schweizerischen Evangelischen Kirchenbundes

Die wertvollsten Wegweiser und Hilfen für mein eigenes Leben waren oft Lebensbeschreibungen anderer Menschen. Darum danke ich Jürg Opprecht, dass er mit seiner Biografie Einblicke in sein Leben, sein Innerstes, in seine Freuden und Leiden, seine Erfolge und Rückschläge gewährt. Selber Werte schaffen und trotzdem nie den Blick auf den Wert des ewigen Lebens aus den Augen verlieren, das ist Jürg Opprecht. Ich hoffe, dass die vorliegende Schrift vielen die Augen für das Wesentliche öffnet. Mut macht, Wege nicht nur zu planen, sondern auch zu gehen,

Mut macht Risiken einzugehen. Dies alles zur Ehre unseres Herrn Jesus Christus und im Wissen: «An seinem Segen ist alles gelegen!»

Werner Messmer, ehemaliger Nationalrat FDP und langjähriger Präsident des Schweizerischen Baumeisterverbandes

Sensibilität, Kreativität und ein innovatives Denken zeichnen Jürg Opprecht aus. Seine Engagements kommen aus einem tiefen Verlangen, diese Welt lebenswert zu gestalten und die Ehre Gott, dem Schöpfer zu geben. Es braucht Mut und Beharrlichkeit – vor allem in Phasen der persönlichen Schwäche – dranzubleiben. Wie wertvoll sind da tragende Beziehungen: zur Ehefrau, in der Familie und unter Freunden. Jürg ist mir da ein echtes Vorbild.

Elisabeth Schirmer, Unternehmerin

Intro

Das Leben von Jürg Opprecht scheint schon vorgezeichnet, als er 1950 das Licht der Welt erblickt. «Das baue ich alles für Dich auf, damit Du mein Unternehmen einmal übernehmen kannst», verdeutlicht ihm sein Vater schon ziemlich bald und unverblümt. Und tatsächlich: Der kräftige Junge hat eine gehörige Portion Unternehmertum und Pioniergeist im Blut. Aber er hat von seiner Mutter auch eine zünftige Dosis Kreativität und Verständnis für soziales Verantwortungsbewusstsein mitbekommen. Eine Mischung, wie sich bald einmal herausstellt, die Jürg Opprecht in seiner ganzen Jugend- und Ausbildungszeit und auch in der Zeit des Erwerbslebens prägt. Eine Mischung, die sich schon bald in kreativem Ungehorsam und vitaler Vielfalt äussert und auf viele Menschen auf der ganzen Welt abfärbt. Das Leben ist gespickt mit Rückschlägen und Erfolgen, die allesamt einen ganzheitlichen Sinn ergeben. Selbst Träume, zum Beispiel jener von einem Diamanten, den Jürg Opprecht unter einem Baumstrunk liegen sieht, erschliessen diesen Sinn und den darin verborgenen Ewigkeitswert: «Es ist das Jahr 2012, als ich einen eindrücklichen Traum hatte – einer jener Träume, der zweifelsohne von Gott kam.» Szenenwechsel. Noch über den Inhalt rätselnd, sieht sich Jürg Opprecht schon in einem anderen Umfeld: Im zweiten Teil des Traums steht er auf einem grossen Ackerfeld – wissend, dass unter dem Acker ein feiner Goldteppich liegt. Als er auf dem Feld gedankenversunken umherstreift, kommen ihm kranke Menschen mit entstellten Gesichtern entgegen. Ausweichend hofft er, nicht angesteckt zu werden. Welche Bedeutung aber hat das nun für sein Leben? Lange denkt er nach, bewegt den Traum innerlich. Im Laufe der Jahre und gegen den Schluss dieses Buches entschlüsselt Jürg Opprecht dessen Symbolik – in vielen Gesprächen reflektierend und an seiner Biografie arbeitend: «Was macht Sinn, fragte ich mich, und kam zum Schluss: Man muss ihn selber erforschen. Oft sehen wir nicht einmal, dass Gott uns etwas sagen will, oder verstehen nicht, was er uns sagen will.»

Diese biografischen Erinnerungen laden die Leserinnen und Leser ein, gemeinsam mit Jürg Opprecht auf eine Entdeckungsreise nach dem Sinn des Lebens zu gehen. Dabei behält er den Blick für das Wesentliche. Deshalb sind einige Tätigkeiten und Ereignisse nicht berücksichtigt. Einerseits hätte es zu weit geführt, auf alles einzugehen. Andererseits hätte er in gewissen Punkten seine Sicht der Dinge geschildert, ohne dass die Betroffenen dazu hätten Stellung nehmen können. Dieses Buch beinhaltet also in sich zusammenhängende Auszüge und Schwerpunkte aus seiner Biografie. Mögen sie dazu beitragen, ein Stück Orientierung zu geben, angesichts von Erfolgen und Rückschlägen Gelassenheit zu vermitteln und verborgenen Geheimnissen des eigenen Lebens auf die Spur zu kommen.

1. Elterliche Vorherbestimmung – zwischen Leidenschaft und Vernunft

Vater und Sohn

Vater Paul: *Schau mal da unten!*
Jürg: *Schöner Weitblick, ja! Das gibt mir vielleicht sogar eine Inspiration für ein Gemälde.*
Vater: *Das meine ich nicht.*
Jürg: *Was denn?*
Vater: *Die Firma.*
Jürg: *Aha, klar, warum?*
Vater: *Das baue ich alles für dich auf.*
Jürg: *Hmm…*

Aufgewachsen in einem streng gläubigen Elternhaus, wird der junge Jürg Opprecht schon früh geprägt von der calvinistischen Arbeitsethik: Unbändiger Fleiss, überdurchschnittliches Engagement und wirtschaftlicher Erfolg – gepaart mit einem tiefen Glauben und unverrückbaren religiösen Grundsätzen – sind für seinen Vater die Grundlage seines Lebenswerkes. Es ist eine Art Mischung von väterlicher und göttlicher Vorherbestimmung. «Trotzdem habe ich vorwiegend positive Erinnerungen an meine Jugendzeit», sagt Jürg Opprecht. Manchmal wird ihm nachgesagt, er sei ein Träumer. «Wie sich herausgestellt hat, habe ich dies aber auch von meinem Vater geerbt. Er war nicht nur zielstrebig – manchmal war er auch gedanklich abwesend.» Paul Opprechts ehrgeizig-träumerisches Blut fliesst heute noch in den Adern seines Sohnes. Jürg hat von ihm Kreativität und Unternehmergeist geerbt – ein unbezahlbares Startkapital.

Aufgewachsen ist Jürg zusammen mit einem Bruder und drei Schwestern. Viele Erinnerungen an die Kindheit hat er nicht mehr. Mit seinem Bruder fühlt er sich sehr verbunden, auch wenn der drogensüchtige Martin eher immer das schwarze Schaf in der Familie war und früh verstarb. Er versucht immer wieder, ihm zu helfen, und nimmt sich für einen Drogenentzug bei sich zu Hause sogar eine Woche Ferien: Tag und Nacht ist er für ihn da. Nach einer Woche fühlt sich Martin wieder «fit». Der Arzt macht keine falsche Hoffnungen: «Wenn er geht, gerät er wieder ins alte Fahrwasser.» So ist es denn leider auch.

Mit Schwester Brigitte ist Jürg in der Kindheit besonders verbunden – mal sind sie ein Herz und eine Seele, mal fliegen die Fetzen: Es ist keine Seltenheit, dass sie sich Kaffeelöffel nachwerfen. Besonders gut erinnert er sich noch, als seine Schwester mit «wunderschönen schwarzen Chrüseli» an der Dahlienschau in Engstringen zu Dahlienkönigin gekürt wird: Die Eltern erfahren aber erst mit grosser Konsternation aus der Zeitung davon. Das Bild von Brigitte im Lokalblatt mit der Dahlie im Haar bleibt unvergesslich.

Mit Renate, so Jürg, bilde er gewissermassen das ideale Geschwisterpaar: «Wir denken ähnlich, hatten nie Streit. Wir gingen manchmal sogar zusammen in die Ferien.» Ihr Übername «Muggi» rührt von ihrem damaligen «Kindheitsliebling», dem «Mucki», einem kleinen aufrechtgehenden Igel-Kind mit Kleidern. Nicht schlecht staunt Renate und freut sich riesig, als sie als Erwachsene von ihrem Bruder eine Mucki-Figur zum Geburtstag erhält, die er auf einer Internetplattform ersteigert hat.

Judith ist die jüngste der Geschwister. Als Nachzüglerin erlebt er sie nicht so nah. Als er das elterliche Haus verlässt, kommt sie gerade ins Teenageralter. Was Jürg an ihr aber seit jeher schätzt, ist das Auge für schöne Sachen und Innendekoration: Kreativität verbindet die beiden seit der Kindheit trotz des Altersunterschieds.

Jürg Opprecht entdeckt seine träumerisch-kreative Art schon früh. Während ihn sein Vater Paul schon auf den Weg zum Unternehmer mitnehmen wollte, fühlte sich der Teenager eher von der kreativen Ader seiner kunstinteressierten Mutter beflügelt. Mit 13 Jahren beginnt er in seiner Freizeit zu malen. Dabei entwickelt er aus purer Leidenschaft seine grosse Gabe als Autodidakt: Das Malen bringt er sich selber bei. Er lernt mit Kursbüchern. Denn: Wie könnte er von seinem Vater Hilfe erwarten. Von seiner Mutter schon eher: Sie nimmt ihn auf Ausstellungen mit, bringt ihn in Kontakt mit Künstlern und hilft ihm auf der Suche nach Sachbüchern, die sie ihm auch finanziert. Sie fördert Jürg vor allem, indem sie ihn ermutigt, sich autodidaktisch noch weiter zu vertiefen. Das Selbststudium macht ihm Spass, er entdeckt immer mehr Talente in sich, erkundet neue Möglichkeiten. Mutter und Sohn werden zum eingespielten Kreativteam: Sie unterstützt ihn beispielsweise bei der Bewerbung für die Ausstellung «Limmattaler Künstler» und übt förderliche Kritik an seinen Oelbildern – mit Erfolg.

Jürg will selber Künstler werden, doch das passt seinem Vater überhaupt nicht ins Konzept: «Du musst was Richtiges lernen, um Dir Deine Existenz zu sichern.» Das erscheint ihm jedoch nicht so wichtig. Vielmehr erreicht er mit 16 Jahren sein erstes grosses Ziel: die erste Ausstellung. Jürg zeigt an der Ausstellung «Limmattaler Künstler» als einziger Minderjähriger seine Werke. Die Landschaftsbilder in Oel kommen gut an und bekräftigen den jungen Maler, sich künstlerisch und kreativ weiterzuentwickeln. Es wird sich zeigen, dass sich der Stil laufend ändert. Von der anfänglich vor allem gegenständlichen Malerei verabschiedet er sich langsam aber sicher. Er beginnt bald, noch mehr mit Farben, Formen, Materialien und Techniken zu experimentieren.

Knatsch ist vorprogrammiert. Sein Vater versteht das einfach nicht. Jürg spürt aber auch, dass sein Vater Potenzial ihn ihm sieht und weckt. Er sieht sich zwar mehr als Künstler, denn als Unternehmer. Und doch: Seine Ausbildung richtet er dann ganz nach dem Gusto seines Vaters aus. Jürg absolviert eine praktische Lehre als Maschinenschlosser bei der BBC, der späteren ABB. Er hat Freude an der praktischen Gabe, die er in diesem Berufsfeld einbringen kann und die ab und zu auch ein bisschen seiner Kreativität erfordert.

Weil er in seiner Berufsgattung der Beste ist, geniesst er viele Privilegien. So kann er frei wählen, welche Stationen er während den vier Jahren durchlaufen will. Volle zwei Jahre kann er im Konstruktionsbüro mitarbeiten, das vor allem für das Kernkraftwerk Mühleberg tätig ist. Er blüht auf, das findet er spannend. Und er sieht den konkreten Nutzen, welcher daraus für die Gesellschaft oder die Wirtschaft erwächst. Aber auch er bleibt ein Lernender und muss zwischendurch auf die Zähne beissen. Denn danach verschlägt es ihn in eine Abteilung mit einem Chef, zu dem er gar keinen guten Draht hat. Das äussert sich auch in Aufgaben, die dem angehenden Berufsmann völlig ungelegen kommen: Er muss mehrheitlich Gussteile entgraten – eine schmutzige und eintönige Arbeit. Alles andere als das, was er sich wünscht, und ein Kontrast zu seinem vorherigen Einsatzgebiet und Lehrbereich. Selbst als er sich beschwert, tritt keine Änderung ein. Jürg lässt das nicht auf sich sitzen. Er geht zum Hauptverantwortlichen für die Grundbildung. Endlich wird er ernst genommen und versetzt. Die Motivation kommt zurück. Zudem erwächst in ihm die Erkenntnis, dass dies eine wichtige Lektion für sein Leben ist:

Er erfährt am eigenen Leib, dass man nicht einfach immer alles haben kann, und was es bedeutet, Situationen durchzustehen, sich in Demut zu üben.

Jürg Opprecht erinnert sich mehrheitlich gerne an seine Jugendzeit: Die Charaktermerkmale seiner Persönlichkeit entwickeln sich immer mehr. Zwar fördert Vater Paul vor allem das unternehmerische und technische Potenzial, doch Mutter Annemarie Opprecht-Grollimund hält dem künstlerisch interessierten Jürg weiterhin den Rücken frei, um seine Leidenschaft weiterzuentwickeln. Beides läuft seither parallel in seinem Leben: der Unternehmergeist und die Kreativitätsfreude.

Sein Vater versucht immer wieder, dem jungen Jürg Freude an Technik zu vermitteln, was ihm manchmal auch ganz gut gelingt. Er nimmt ihn mit auf Geschäftsreisen, tauscht sich mit ihm über knifflige technische Herausforderungen aus. «Einmal», erinnert sich Jürg schmunzelnd, «brachte er mir einen Baukasten für ein Modellflugzeug nach Hause. Das war eines dieser Geschenke, an dem vor allem er Freude hatte.» Mit 17 Jahren schlug er ihm vor, ein Auto mit Motorschaden zu kaufen: «Da kannst du viel lernen!» Jürg demontiert alles und ist gespannt, was rauskommt: Bei der Lichtmaschine überdreht er den Kollektor, die Trommelbremsen wurden sorgfältig erneuert, nur gerade die Kolben und Lager des Motors muss ein Spezialist richten: «Ich werde nie den Moment vergessen, als ich nach getaner Arbeit ins Cockpit sass, den Schlüssel am Armaturenbrett des ‹Simca› drehte – und es funktionierte!»

Die Lehrabschlussprüfungen schliesst er als Klassenbester ab. Paul fühlt sich bestätigt und motiviert Jürg, an die damalige Höhere Technische Lehranstalt in Brugg-Windisch zu gehen. Das macht er auch. Indes: «Nach nur drei Wochen hat es mir abgelöscht. Es machte mir einfach keine Freude.» Er meldet sich ab, zieht in die welsche Schweiz nach Lausanne, wo er auf seinem Beruf arbeitet.

Der Loslösungsprozess vom Elternhaus ist nicht ganz einfach, weil Familie und Firma stark miteinander verwoben sind. Aber Jürg geht seinen Weg, wenn er auch seine Absichten gegenüber seinen Eltern nicht immer konsequent durchziehen kann.

In Lausanne lernt er in der Sprachschule, die er nebenbei besucht, seine spätere Frau Benzli kennen. Benzli als Vorname mag eigenartig klingen – aber ihr passt er, denn ihr richtiger Vorname Doris gefällt ihr überhaupt nicht. Der Pfadi-Übername Benzli kommt ihr wie gerufen – er ist eine Ableitung ihres Nachnamens vor der Heirat: Sie hiess ledig Eidenbenz.

Bis aber ein Paar aus den beiden wird, braucht vor allem Benzli viel Geduld: Jürg und Benzli gehen in Parallelklassen zur Schule. Beide wollen die Französischkenntnisse perfektionieren – halbe Sachen sind ihre Sache nicht. Doch bei der Freundschaft gehen sie in der ersten Zeit doch nicht voll aufs Ganze... Als die Parallelklassen für einmal zusammengelegt werden, weil ein Lehrer ausfällt, schlägt die «Stunde Null»: Jürg muss an der Wandtafel vor den beiden Klassen eine Aufgabe lösen – da ist es um Benzli geschehen. Sie verliebt sich Hals über Kopf in Jürg. Auf dem gemeinsamen Schulweg entwickelt sich zwischen den beiden eine sehr freundschaftliche Beziehung. Jürg hat keine Hintergedanken. Er sieht in ihr eine gute Freundin, nicht mehr und nicht weniger. Benzli hält es fast nicht mehr aus: Schnallt der gute Jürg denn überhaupt nichts? Wochen, sogar Monate ziehen ins Land. Die beiden sehen sich nicht nur auf dem Schulweg und in der Schule, auch abends und am Wochenende treffen sie sich zusammen mit anderen deutschsprachigen jungen Menschen. Sie geniessen den Ausgang, doch Benzli ist das zu wenig. Sie will schon beinahe zurück in die Heimat, denn lange hält sie das nicht mehr aus. Doch plötzlich, eines Abends, kommt der Vorschlag aus dieser Gruppe, gemeinsam tanzen zu gehen. Bedingung: Jede tanzt mit jedem. Bis es so weit kommt, wird Benzlis Geduld einmal mehr auf die Probe gestellt. Erst ganz am Schluss des Abend merkt nämlich jemand und ruft in die Menge: «Benzli und Jürg, ihr habt noch nicht miteinander getanzt!» Jürg erinnert sich: «Auf der Tanzfläche im ‹Club 77› wurde auch bei mir aus Freundschaft Liebe. Bei einem französischen Liebeslied schaute ich Benzli etwas tiefer in die Augen. Ich merkte plötzlich: Das wird mehr als ein Flirt, denn inzwischen hatte ich bei Benzli auch die innere Schönheit entdeckt.»

Das war ein halbes Jahr nach der ersten bewussten Begegnung an der Wandtafel. Nochmals einige Jahre später fasst sich Jürg ein Herz – zwar unromantisch, aber folgenschwer: An einer Stoppstrasse in Dietikon macht er Benzli einen Heiratsantrag. Warum das gerade dort passiert, weiss Jürg nicht mehr so genau: «Wahrscheinlich war es Intuition nach einem der vielen

> **Nochmals einige Jahre später fasst sich Jürg ein Herz – zwar unromantisch, aber folgenschwer: An einer Stoppstrasse in Dietikon macht er Benzli einen Heiratsantrag.**

langen und tiefen Gespräche mit Benzli. Auf jeden Fall erinnern wir uns jedes Mal mit einem Schmunzeln daran, wenn wir an diesem Ort vorbeikommen.»

Geheiratet wird 1974. Es ist wirklich die grosse Liebe. Manchmal aber wird das Paar etwas gebremst durch die beiden verschiedenartigen Persönlichkeiten: «Wenn sich Vision und Perfektion begegnen, wirkt das nicht immer nur ergänzend», stellt Jürg fest.

Während der ersten drei Ehejahre beginnt Jürg – nach langem Abwägen – sein Studium doch noch: Er geht wieder ans Technikum, wo er sich für die Elektrotechnik entscheidet. Jürg hat einen gewissen «Horror» vor drei Jahren Studium, weil es ihn eigentlich nicht interessiert. Die familiären Umstände siegen über die persönlichen Präferenzen. Jürg kann sich dem Erwartungsdruck des Vaters nicht entgegenstellen, ein Stück weit drängt ihn auch seine Mutter. Er will aus der Not eine Tugend machen. Rückblickend ist das aber auch nicht weiter tragisch für Jürg, denn er lernte in diesen Jahren, in schwierigen Situationen durchzubeissen. Eigentlich hat er es nicht selber entschieden, denn die Studienrichtung passte einfach am besten zum Unternehmen des Vaters. Die Soudronic AG im aargauischen Bergdietikon und die Soudronic Neftenbach AG sind spezialisiert auf die Produktion von Maschinen für Weissblechemballagen beziehungsweise für das Widerstandsschweissen von Karosserieteilen für Autos.

Jürg: «Das Studium war eine Riesen-Challenge, eine Studienrichtung einzuschlagen, die mich nicht wirklich interessiert. Ich hatte einfach auch die schlechteren Grundlagen als meine Kollegen, die allesamt als Elektroniker ihre Ausbildung und Berufserfahrungen gesammelt haben.» Es ist irgendwie alles ganz anders als in der Lehre, wo ihm alles auf Anhieb und ohne grosse Mühen gelingt. Man spürt es an seinen Erinnerungen – es ist nicht wirklich seine beste Zeit. Elektronik ist nicht sein Lieblingsfach, vor allem wegen des Wissensrückstands, den er hat. Er muss in anderen Fächern das Punktedefizit wettmachen. Irgendwie ist ihm der Bereich auch zu wenig weit entwickelt, Mikroprozessoren gibt es noch nicht. Die schlichte Elektronik ist zum Gähnen – und: «Mit dem Dozenten für Elektronik war ich laufend auf Kriegsfuss.»

In guter Erinnerung bleiben indes die vielen Abende gemeinsamen Studiums mit seinem besten Freund: «Wir sprachen oft über Gott und die Welt, während die Lehrbücher geschlossen blieben.»

Der Einstieg ins elterliche Unternehmen ist trotzdem vorprogrammiert. Es ist nicht einfach, in die Fussstapfen des Vaters zu treten. Zeitlebens – vor allem in seiner Zeit im elterlichen Unternehmen – beschäftigt es Jürg, quasi «zum Erfolg verdammt zu sein». Das Gefühl beschleicht ihn manchmal, «dass ich mit meinem Vater verglichen werde». Der Druck ist latent vorhanden. Jürg ist sich bis heute nicht sicher, ob das einfach nur seine Wahrnehmung oder ob es Wirklichkeit ist: «Vielleicht war es mein subjektiver Eindruck, dass ich mit meinem Vater verglichen werde. Mein Vater war durch und durch Ingenieur, Erfinder und Patron.» Das hat Jürg immer auch irgendwie Eindruck gemacht. Der Vater spricht nicht viel. Und doch: Gewissermassen am Mittagstisch bekommt Jürg völlig ungezwungen mit, was er später selber mit Begeisterung leben wird. Geschäftliche Themen gehören dazu, technische Fragen werden gewälzt, personalpolitische Gedanken gemacht.

Jürg findet langsam aber sicher seinen Weg – immer ein bisschen getrieben und fragend. Begünstigt wird die Abnabelung vom Elternhaus durch einen gewissen Erfolg, den Jürg in der Firma hat: Er erfährt Wertschätzung durch Mitarbeiter in der Firma, obwohl er nach dem Studium als absolutes Greenhorn in die Firma einsteigt und eigentlich noch ein Lernender ist. Dank der Akzeptanz, die er in der Mitarbeiterschaft spürt, fällt es ihm auch etwas einfacher sich loszulösen. Sein Vater würde ihm am liebsten sein Amt abgeben – er freut sich auf eine ruhigere Zeit. Die Mitarbeiter beobachten Jürg und schätzen das kollegiale Verhältnis mit dem Juniorchef. Und doch empfindet er nicht, dass sie ihn ausgenützt hätten. Vielmehr schätzt er die Unterstützung, die ihm entgegengebracht wird. Es knistert hingegen in der Vater-Sohn-Beziehung: Seinem Vater wäre es am liebsten, wenn Jürg mit Benzli übers Wochenende zu ihm käme. Gerne würde er irgendetwas Geschäftliches besprechen. Jürg geht zwar gerne am Samstagmorgen in Ruhe ins Büro, aber Nachmittag,

> **Das Wochenende gehört nicht der Firma, sondern dem persönlichen Umfeld.**

Abend und Sonntag sind eigentlich für die Ehe bestimmt. An diesen Prozess müssen sich die Eltern erst noch gewöhnen: Das Wochenende gehört nicht der Firma, sondern dem persönlichen Umfeld.

Die kreative Begeisterung erlischt deswegen aber nicht. Im Gegenteil: Sie schlummert tief in Jürg drin, sie prägt seine Gedanken, seine Ideen, seine Visionen. Jürg kann abschweifen, in Gedanken schwelgen. In seinen Bildern lässt er seiner Kreativität freien Lauf. Seine Bilder sind wie ein roter

Faden durch sein Leben: Sie drücken seine Gefühlslage in verschiedenen Lebensphasen aus, und sie sind Ausdruck seines Tatendrangs. Im Malen kann Jürg sich selber vergessen, blüht auf, schöpft Kraft, entwickelt Ideen. Wen wundert's, dass sein Vater diese Seite nur schwer nachvollziehen kann: Meinungsverschiedenheiten mit dem Vater gehören dazu. Vater und Sohn führen häufig hitzige Debatten: «Aber wenn wir über technischen Lösungen brüteten, waren wir im Element.» Jürg weiss intuitiv, dass er für seine Zukunft mehr möchte als Technik und Firma. Aber wie soll er das anstellen? Es gibt keine Patentlösung, aber von seinem Vater hat er etwas Entscheidendes gelernt: «Er konnte keine Bilanz lesen, und er verstand nichts von Betriebsabläufen. Aber er hatte das Gespür und die Gnade, die richtigen Leute am richtigen Ort einzusetzen.» Wie so viele andere Väter und Firmenchefs auch, ist Vater Paul häufig abwesend – sei es räumlich oder gedanklich. Das ist eine Herausforderung, mit der sich sowohl die Frau und Mutter als auch die Kinder arrangieren müssen. Das Menschliche bleibt auf der Strecke. Tief im Herzen weiss Jürg aber, wie gut es sein Vater mit ihm meint und wie stolz er auf ihn ist, obwohl er mit Lob äusserst sparsam ist: «Ich werde das Gespräch mit einem externen Verwaltungsrat nie vergessen. Er sagte zu mir: ‹Wissen Sie, wer gemäss Ihrem Vater sein bester Mitarbeiter ist?›» Jürg hat keine Ahnung. Die Antwort verblüfft ihn: «Sie, Herr Opprecht!» Und sie geht Jürg unter die Haut: «Das war so unerwartet, dass es mir die Tränen in die Augen trieb.»

1985 – der grosse Schlag für die Familie und das elterliche Unternehmen: Der Vater erleidet einen schweren Hirnschlag. Er ist einseitig vollständig gelähmt. Keine seiner Funktionen kann er mehr ausüben.

Zunächst hadert er, kommt aber zur Einsicht, dass Gott das zulässt, damit er sich von der Firma lösen kann. Es ist schwierig: Mühsame Therapie und langsame Fortschritte. Gezwungen zum Nichtstun. Er ist auf die Hilfe anderer angewiesen. Das fällt ihm schwer.

Seine Persönlichkeit verändert sich – eine übliche Erfahrung, die Angehörige von Menschen mit schweren Hirnschlägen machen. Die Zeit bleibt für Paul stehen. Fortan lebt er nur noch in der Vergangenheit. Selbst Jahre nach dem Hirnschlag erhält Jürg hin und wieder ein Telefon von seiner Mutter: «Vater möchte dich sprechen.» «Also fuhr ich zu meinen Eltern. Er zeigte mir technische Skizzen und erklärte mir seine Ideen. Meist handelte es sich um technische Lösungen zu Problemen, die sich vor vielen Jahren gestellt hatten und natürlich längst gelöst waren. Dennoch versuchte ich, Interesse zu zeigen, im Wissen, dass das bei ihm bald wieder in Vergessenheit geraten würde.»

Die Mutter von Jürg Opprecht bleibt immer die gute Seele im Clan. Sie ist die «Grande Dame», die Grosskinder bezeichnen sie als «herzlich, stylisch», gar scherzhaft-positiv als «Diva». Selbst als sie im hohen Alter auf den Rollstuhl angewiesen ist und aufgrund ihrer Altersbeschwerden immer mehr an Kraft verliert – ihren Humor, ihr Herz und ihre Grosszügigkeit verliert sie nicht. Sie geniesst das Vorrecht, dass sie selbst mit 90 noch zu Hause wohnen kann, weil sie von Pflegepersonen betreut wird. Ihr persönliches Schicksal nimmt sie zum Anlass, von ihren eigenen Mitteln für andere zu investieren – nämlich in die Parkinsonforschung.

Jürg und Benzli wünschen sich eigentlich in diesen Jahren nach dem Studienende Kinder. Doch weit gefehlt – es kommt eine echte Belastungsprobe: Der Kindersegen stellt sich nicht ein – «selbst nach langem Üben nicht». Vor allem für Benzli ist das eine schwierige Zeit, würde sie doch am liebsten sechs Kinder bekommen. Schweren Herzens stellen sich die beiden auf eine kinderlose Ehe ein. Doch dann ein Hoffnungsschimmer: Zwei Personen empfehlen unabhängig voneinander einen Frauenarzt, der bei Benzli eine leichte

> **Der Kindersegen stellt sich nicht ein – «selbst nach langem Üben nicht».**

Dysfunktion feststellt, die mit einem kleinen natürlichen Eingriff behoben werden kann. Und prompt schlägt es nach gut acht Jahren Ehe ein.

Rückblickend sind diese acht kinderlosen Jahre sehr wertvoll gewesen, ist Jürg überzeugt: «Wir reisten viel und konnten uns gegenseitig die ‹Hörnli abstossen›. Dank dieser langen Vorbereitung können wir uns gar nicht erinnern, mit unseren vier Kindern je einmal Stress gehabt zu haben.» Wenn sie Familien mit zwei kleinen Kindern sehen, fragen sie sich immer wieder einmal: «Wie haben wir das bloss geschafft mit vier Kindern?» Natürlich habe es Phasen gegeben, während derer die Kinder – hauptsächlich im Teenageralter – «auf die schiefe Ebene kamen, aber sie kamen auch schnell wieder zur Räson», erinnert er sich.

Jürg Opprecht hat seinen Unternehmergeist, seine Kreativität und unkonventionelle Art seinen vier eigenen Kindern weitergegeben. Seine Kinder wachsen international und mehrsprachig auf: Die Familie lebt zum Teil in den USA und überlegt sich nach der Rückkehr in die Schweiz ernsthaft, ob sie nach Amerika auswandern soll. Deshalb besuchen die Kinder die

International School in Gümligen. Diese internationale Atmosphäre wirkt bereichernd.

Leidenschaft, Internationalität, Kreativität, Gründerkultur und Pioniergeist verbinden etwa Tochter Naomi (Jahrgang 1985) mit ihrem Vater. Sie hat es am allerfrühesten weggezogen und bringt es auf den Punkt: «Als Unternehmer ist er der Macher, der Problemlöser. Unternehmer zu sein ist aber nicht sein Beruf, sondern seine Persönlichkeit.» Die Kombination seines Unternehmertums und seiner Kreativität, sagt sie mit einem Augenzwinkern, sei manchmal schon fast eine beschwerlich-schöpferische Begabung – geprägt von Unterwegssein, Einfallsreichtum, Umsetzungsdrang, Verbesserungsideen. Naomi wird fast überschwänglich und bringt ihre Gedanken mit einem Satz auf den Punkt: «Ich lebe mein volles Potenzial.» Das Energiebündel Naomi wird vor allem von den Gegensätzen herausgefordert, mit denen sie von den Eltern konfrontiert wird. So ist der ältesten Tochter beispielsweise der Besuch eines Flüchtlingslagers noch gegenwärtig und sie sagt: «Ich habe es immer geschätzt, dass wir schon früh an unsere eigenen Grenzen erinnert wurden und merkten, dass es keine Selbstverständlichkeit ist, ein stabiles soziales Umfeld, eine liebende Familie, ein Dach über dem Kopf zu haben.»

Die jüngste Tochter, Adina (Jahrgang 1990), fragt ihren Vater, als sie ins Erwachsenenalter kommt, immer wieder mal, wie er seinen eigenen Vater in gewissen Situationen und Lebensphasen erlebt hat. Sie bezeichnet es als Wunder, «dass er mit uns einen warmen, väterlichen Umgang hat» – eine Seite, die sie bei ihrem Grossvater gänzlich vermisste. Oftmals hätten Eltern mit seinem Jahrgang nicht gelernt, das eigene Leben zu reflektieren oder gar Hilfe, Seelsorge in Anspruch zu nehmen. «Mir ist im Rahmen meiner Ausbildung zudem bewusst geworden, wie sehr er uns Kinder förderte, indem er in uns das Interesse für spirituelle Aspekte weckte.» Noëlle (Jahrgang 1987) macht es traurig, wenn viele in ihrem Kollegenkreis wegen ihren schlechten Erfahrungen mit dem leiblichen Vater ein schlechtes Bild von Gott als Vater haben.

Jonathan, genannt Jon, als ältestes Kind (Jahrgang 1983) bekommt die unterschiedlichen Prägungen von Grossvater und Vater besonders zu spüren. Paul lässt gegenüber seinem Enkel keinen Zweifel offen, dass auch er prädestiniert sei, einmal die Firma zu übernehmen. Jon ist unter Druck: «Ich konnte nachempfinden, wie es meinem Vater ging, als er sozusagen in die Firma hineingezwungen wurde.» Er sei als rebellierender Teenager wohl anders damit umgegangen als sein Vater: «Er hat erst nach dem

Verkauf der Soudronic möglicherweise erstmals zu seiner wirklichen Identität und Bestimmung gefunden.»

Jon kann sich gut an seine persönliche Sturm-und-Drang-Zeit zurückerinnern. Einiges davon schildert er in seinem Buch «Ehre – wem (keine) Ehre gebührt». Alles in ihm sträubt sich gegen das, was er von zu Hause her kennt: «Ich war ein geradliniger Rebell wie aus dem Bilderbuch.» Auch Jürg sagt: «Oft sah er uns etwas tun – und tat genau das Gegenteil.» Aber Jürg vertraut seinem Sohn trotzdem. Er glaubt an ihn – auch wenn er Geld, das er und Benzli ihm anvertrauen, für Dinge ausgibt, die sie nie im Leben gutheissen können. Das Vertrauen hat sich gelohnt. Jon vergisst etwa jenen Moment nicht, in dem seine Familie zu ihm steht, als sich seine frühere Freundin das Leben nimmt: «Ich wusste überhaupt nicht, wie ich mit einer solchen Situation umgehen musste und war völlig desillusioniert. Noch nie in meinem Leben war ich so froh, Freunde und Familie zu haben. Menschen, die mir nah waren, verabredeten sich oft mit mir, besuchten mich und meldeten sich bei mir. Ich weiss noch genau, wie meine ganze Familie nur wenige Stunden nach der Nachricht in meiner Wohnung sass, um ihre Liebe unter Beweis zu stellen. Ich kann mich an kein einziges Wort erinnern, das sie sagten. Aber die reine Tatsache, dass sie da waren, ist in meinem Gedächtnis so präsent, als wäre es gestern gewesen. Im Nachhinein fühle ich mich extrem geehrt, eine solche Familie zu haben.» So prägen Benzli und Jürg die Familie nachhaltig – auch wenn es darum geht, dass die Kinder ihren Traumberuf finden. Grafiker ist Jons Traumberuf. Dass er es dann tatsächlich packt als Grafiker, hat im Wesentlichen mit seinem Vater Jürg zu tun: «Als ich klein war, wartete ich immer voller Begeisterung darauf, dass mein Vater von der Arbeit nach Hause kommen würde. Sobald dann die Türe endlich aufging, rannte ich nämlich mit Papier und Stift zu ihm und sagte: ‹Zeichne mit mir!› Und obwohl er jeweils todmüde war, hat er täglich Tierchen und Autos mit mir skizziert. Es war meine Leidenschaft. Mein Vater nahm diese Leidenschaft wahr. Durch die Zeit, die er mit mir verbrachte, trug er massgebend dazu bei, dass ich mein Potenzial entfalten konnte. Wer weiss, wo ich heute wäre, wenn mir niemand gesagt hätte: ‹Das hast du gut gezeichnet.› oder: ‹Ich glaube an dich.› Der Glaube, den mein Vater an mich hatte, führte dazu, dass in meinem Leben eine Begeisterung entstand. Ich wurde in meiner Leidenschaft bestätigt. Ich wurde befähigt.»

Gewisse Züge habe Jürg Opprecht doch von seinem Vater geerbt, sagt sein Sohn. «Ich habe ihn positiv autoritär erlebt. Er gab uns Kindern immer eine gewisse Sicherheit. Ich wusste: Er versorgt uns.» Zudem kommt der unternehmerische Tatendrang beim jungen Grafiker und Theologen irgendwie gut an – er hält es sich immer noch offen, eine eigene Agentur zu gründen und weiss dabei von seinem Vater: «Nichts ist unmöglich. Wir holen alles raus, was möglich ist. Das ist tief in meinem Vater verankert, und ich trage selber etwas davon in mir.» Adina weiss das auch und drückt Jürgs Devise so aus: «Folge deinen Träumen, aber gib alles!» Noëlle bekommt das zu spüren, als sie die Lehre als Kosmetikerin beginnt: «Ja willst du das denn wirklich?», fragte Jürg sie. Aber Noëlle bestätigt ihren Bruder: «Unser Vater unterstützte uns immer, selbst wenn er anderer Meinung war. Und schliesslich hatte er dann doch eine grosse Freude, als ich mich danach für das Betriebswirtschaftsstudium entschied.» In der Ausbildung spürt Jon in sich ein weiteres Spannungsfeld, das nicht von ungefähr kommt: Er fühlt sich zur Kunst, zur Grafik, zur Theologie und zur Selbstständigkeit hingezogen. In allen Bereichen sammelt er seine Erfahrungen und widerspiegelt die vielfältige Persönlichkeit seines Vaters. Auf einer Weltreise wird er sich zusammen mit seiner Frau alles durch den Kopf gehen lassen. «Ich werde mich entscheiden müssen – will ich Künstler sein, eine Grafikagentur führen oder Pastor werden?» So oder so: Er ist dankbar für alles, was ihm sein Vater mitgegeben hat, auch wenn er die unangenehmen Seiten nicht verschweigt, von denen er ebenfalls ein bisschen etwas abgekriegt hat. Seine Charakterisierung von Jürg Opprecht trifft die Wahrnehmung von vielen Menschen, die dem kreativen Unternehmer begegnet sind: «Er ist ein Mann der Tat, nicht der vielen Worte. Unternehmerisch. Unternehmenslustig. Er hält nicht viel davon, viel zu reden und dann nichts zu machen. Es ist immer ein Projekt anstehend. Tief im Innern gärt es bei ihm. In Gedanken entwickelt er neue Ideen, neue Projekte. Er kann vielleicht einmal etwas sagen, aber wirklich Anteil nehmen kann man kaum: Plötzlich ist es da. Wir waren uns immer gewohnt: Es kommt immer etwas Neues. Er macht, was für ihn richtig ist und was er vor Gott verantworten kann. Schon als Kind habe ich ihn erlebt als einen Mann, auf den man hört. Das habe ich als kleiner Bub genial gefunden.»

Wenn die Kinder ihren Vater charakterisieren, fallen immer wieder englische Begriffe – wen wundert's, denn Opprechts haben sich zeitenweise ernsthaft überlegt auszuwandern. Deshalb besuchten alle Kinder die International School in Bern, wo sie perfekt Englisch lernten. Dafür sind alle ihren Eltern sehr dankbar. Ein Teil des Auswanderungstraums ist nun zumindest bei den Kindern hängen geblieben: Adina wohnt im kalifornischen Redding, wo sie eine Leiterschaftsschule besucht und ihre ersten Gehversuche als Evangelistin macht. Naomi ist in Malawi damit beschäftigt, Lodges für erholungsbedürftige Missionare zu bauen. Schon bald nach dem Start entwickelt sich aus einer Not heraus ein Gemeinschaftsprojekt, in dem Jugendliche eine Ausbildung als Handwerker geniessen. Sie kommen in den Genuss eines Darlehens, das sie nach der Ausbildung zurückzahlen müssen, wenn sie Geld verdienen. Geplant ist auch, bald ein Gästehaus in Betrieb zu nehmen. «Sie ist ein bisschen wie ich: Sie lässt sich von neuen Ideen ablenken», scherzt Jürg.

Die Familie Opprecht geht also alles andere als den gewohnten Schweizer Weg. Die Internationalität ist spürbar. Adina und Naomi haben diesen «international Spirit» besonders in ihre Persönlichkeit hineingelegt bekommen, aber sie prägen ihn immer wieder neu, realisiert Naomi: «Mein internationaler Lebensstil rührt vor allem auch von meinem starken Entdeckergeist. Das betrifft genauso meine Vision für Afrika. Das kommt alles nicht unbedingt von meinem Vater.

Die Familie Opprecht geht also alles andere als den gewohnten Schweizer Weg. Die Internationalität ist spürbar.

Was aber von ihm kommt, ist die Zuversicht, etwas bewegen zu können. Mein Vater hat die brillante Fähigkeit, Dinge grösser zu sehen als sie im Moment grad erscheinen. Er denkt darüber hinaus, was andere Menschen visualisieren können. Das ist das grösste Geschenk, das ich je erhalten habe.» Wen wundert's, das Naomi bereits mit 16 nach Florida ausgewandert ist, um ihre Ausbildung an der High School abzuschliessen. Seither verbringt sie kaum noch Zeit in der Schweiz – ausser wenn sie für einen Urlaub in ihre ursprüngliche Heimat zurückkehrt: «Ich hatte immer die Leidenschaft – mehr noch: eine Bestimmung – für Afrika.»

Leidenschaft scheint der rote Faden durch das Leben der ganzen Familie Opprecht zu sein – mit all ihren Facetten und mit all den Ausdrucksformen bei den einzelnen Persönlichkeiten. Leidenschaft, die laut Naomi von Vater und Mutter gemeinsam vorgelebt wird: «Es war eine wunderbare Welt, in der ich aufwachsen durfte. Ich lernte, gross zu denken, zu denken, dass Unmögliches möglich werden kann, wenn du nur Herzblut reinsteckst und Durchhaltekraft zeigst.» Sie spricht aus dem Herzen aller vier Kinder, wenn sie dabei sagt: «Sehr viel haben wir auch unserer Mutter zu verdanken. Sie ist immer eine Art ‹Rahmen› für das Lebensgemälde meines Vaters. Seine Kreativität sprüht immer, ihre Stimme der Vernunft ergänzt sie.»

Adina bezeichnet ihren Vater denn auch liebevoll-spassig als «crazy inventor» oder «mad scientist» (verrückter Erfinder oder wahnsinniger Wissenschaftler) – wohl wissend, dass diese aussergewöhnlichen Charaktereigenschaften auch in ihr verankert sind und sie beflügeln. Seine Taten seien wie ein Gemälde, das all seine Visionen und Träume enthalte. Sie sieht in ihm aber zugleich den logischen und strategischen Denker, der seine Träume kreativ und initiativ, mit viel Beharrlichkeit – und gerne im Hintergrund – erreicht. Oftmals sind es andere, denen Jürg Opprecht eine Plattform bietet, um sich im Vordergrund zu entfalten. Noëlle ergänzt, dass er gut mit Spannungen umgehen kann. Naomi bestätigt, dass es für sie wertvoll gewesen sei zu spüren, dass unterschiedliche Meinungen in der Familie nicht schlecht waren, sondern ihren Vater sogar mit Stolz erfüllten.

Eine andere Seite von Jürg Opprecht charakterisiert sein Sohn so: «Manchmal ist er zerstreut und vergesslich.» Selbstkritisch fügt er sogleich hinzu: «Ja, ja, ich weiss, das habe ich auch von ihm mitbekommen.» Deshalb fällt es Jon wohl auch umso mehr auf – gerade wenn er an eine typische Szene denkt: «Er kann mit uns am Tisch sitzen, und die ganze Familie redet – aber er ist in Gedanken irgendwo ganz woanders. Manchmal ist er einfach nicht so einfühlsam, was ihm durchaus im Geschäftsleben zum Verhängnis werden kann.» Seine Leidenschaften vermittelt Jürg Opprecht oft sehr trocken und pragmatisch – ohne persönliche Note. Oder wie Naomi ergänzt: «Ein bisschen distanziert, aber doch immer warmherzig. Immer engagiert, präsent, und doch geistesabwesend.» Kompensiert wird diese Schwäche in der Familie von Mutter Benzli, die der anteilnehmende und ruhende Pol in der Familie ist, tiefe Beziehungen pflegt, viel im Hintergrund mitträgt und ermutigt.

Die Kindheit erlebt Jon als «nahezu perfekt», obwohl der Vater oft unterwegs und abwesend ist: «Ich lernte spontan und flexibel zu sein, weltoffen, tolerant und verständnisvoll. Die Eltern haben uns auch in jeglicher Hinsicht freigesetzt: Wenn wir Interessen hatten, halfen sie uns, diese umzusetzen, auch wenn sie es nicht so gut fanden.» Indes empfindet er es als schwierig tiefe Beziehungen aufzubauen: Die Familie zügelt relativ häufig, die Kinder werden aus Beziehungen herausgerissen. «Dafür ist der Zusammenhalt in der Familie sehr gut. Mit dem Family WhatsApp Chat sind wir heute noch alle miteinander verbunden.»

Alle Kinder sind sich einig: Von ihrem Vater haben sie gelernt, Gott an die erste Stelle ihres Lebens zu stellen. Sie erfahren, was es heisst, übernatürlich natürlich zu denken und Glaubens- und Lebensfragen nicht zu «vergeistlichen», sondern im Alltag praktisch zu leben. Sie spüren, dass man auch die unschönen Seiten und Ungereimtheiten des Glaubens, ja Zweifel, ansprechen darf. Sie bekommen aus nächster Nähe mit, was es heisst, wenn ein Mensch seinen Reichtum nicht auf sich selbst bezieht: Jürg Opprecht vermittelt ihnen, dass Menschen nur Verwalter auf dieser Erde sind. Noëlle hat dies schon früh verinnerlicht: «100 Prozent unseres Vermögens und Einkommen gehört Gott. Wir dürfen aber 90 Prozent behalten.» Das verändert die Perspektive und den Umgang mit Geld: Nicht das Geld hat Ewigkeitswert, sondern es ist massgeblich, wie man damit umgeht und dass man nicht am Geld hängt. Sie erleben ihren Vater zwar als überaus grosszügig – vor allem im Erwachsenenalter. Doch in der Kindheit hätten sie die Eltern schon manchmal gerne auf den Mond geschickt: Denn im Gegensatz zu Kindern anderer wohlhabender Familien wird ihnen das Geld nicht in den Schoss gelegt – das Sackgeld ist nicht üppig bemessen, und es gilt zu budgetieren. Sie lernen auf diese Weise, dass Geld nicht alles ist. Adina ist überzeugt: «Mein Vater wäre nicht anders, würde er alles verlieren.» So lernen die Kinder von früh auf, andere Leute zu unterstützen, ein grosszügiges Herz zu haben – sowohl was die Zeit als auch die Finanzen angeht. Man darf sich selber jedoch etwas gönnen, ist der Opprecht-Clan unisono überzeugt: Man darf sich etwas leisten, man darf Reichtum geniessen. Denn Reichtum per se ist nicht schlecht.

Die persönlichen Erinnerungen der Kinder an besondere Begegnungen mit ihrem Vater zeigen Facetten aus Jürg Opprechts Charakter. Er schätzt die Zeit mit jedem einzelnen Kind – alle geniessen die jährlichen Wochenenden oder die Reisen zu zweit nach dem Abschluss der Ausbildung. «Diese gemeinsamen Zeiten mit jedem einzelnen Kind bedeuten weit mehr als Spass zusammen haben. Unter vier Augen kommen Sachen zur Sprache, über die wir sonst nicht reden würden. Das wissen beide Seiten zu schätzen.» So etwa Adina, die nach dem Abschluss ihrer Leiterschaftsschule mit ihrem Vater einen Abstecher nach Hawaii macht, wo der passionierte Taucher unter Wasser selbst im Pensionsalter richtiggehend aufblüht.

«Aber ehrlich gesagt», sinniert Jon: «Seit ich zu Hause ausgezogen bin, mag ich mich beim besten Willen nicht erinnern, dass sich mein Vater gemeldet hat, um etwas zu unternehmen oder um nachzufragen, wie es geht. Ich weiss, dass er uns gern hat. Aber das vermisse ich manchmal schon, wenn ich sehe, wie andere Väter zum Teil den Kontakt mit ihren erwachsenen Kindern pflegen. Aber ich merke, dass ich ähnlich bin, und nehme es ihm auch nicht übel.» Noëlle erlebt ihn als geduldigen Lehrer, wenn er stundenlang mit ihr über Matheaufgaben brütete. Nun – Benzli habe ihn wohl nicht immer als gleich geduldig erlebt, meint sie: «Sie ergänzen sich gut, obwohl sie wirklich wie Tag und Nacht sind. Sie nehmen sich immer sehr viel Zeit und Mühe, aufeinander zu hören und aufeinander einzugehen.»

Noëlle ist vom Hockey begeistert und fühlt sich von ihrem Vater ermutigt, auch wenn das für ein Mädchen eher ungewohnt ist. Jon geniesst das gemeinsame Fussballspiel und zusammen mit Jürg zu zeichnen. Er erinnert sich zudem lachend an den «grossen Moment», als sich sein Vater an die Sexualaufklärung wagt: «Das ging weniger als drei Minuten. Wir sassen in einer Autobahnraststätte im Restaurant, und plötzlich begann er zu erklären. Mann, war mir das peinlich, als er inmitten dieser vielen Leute flüsterte. Das ist ein typisches Jürg-Opprecht-Erlebnis.»

Eine andere Episode mit ihrem Vater erzählt Noëlle ebenfalls mit einem Augenzwinkern: Weil ihr Vater oft unterwegs war, habe er jedes Jahr ein Wochenende mit jedem der Kinder verbracht: «Wir liebten es beide, mit dem Motorrad unterwegs zu sein. Daher gingen wir oft mit seiner Harley weg. Ich liebte diese Zeit. Einmal gingen wir nach Südfrankreich; dort, im Gorge du Verdon, haben wir ein Kajak gemietet. Wir fuhren an einem FKK-Strand vorbei und ein kleiner nackter Junge in meinem Alter, schwamm zu unserem Kajak und wollte hinaufklettern. Mein Vater schaute nur kurz über die Schultern und sagte lachend: ‹Just hit him with your paddle, Noëlle.› Eine meiner schönsten Erinnerungen!» Sie kann es nicht genug betonen und hat das auch für ihre eigene Kindererziehung verinnerlicht: «Es ist nicht zentral, wie viel Zeit du mit deinem Kind verbringst, sondern dass du die Zeit gut und bewusst nutzt. Mein Vater war nicht viel zu Hause, aber wenn er da war, war er voll da.»

Ihr Vater habe auch ihren Glauben sehr stark geprägt: «Ich hatte immer ein fantastisches und liebevolles Vaterbild, dies hat meine Beziehung zum himmlischen Vater sehr erleichtert.» Zu wissen geliebt zu sein, sei das Schönste, was es gibt.

Der «Dad-Witz» des Jahres bleibt unvergesslich – er gehört in die Kategorie «trockener Humor» und Vergesslichkeit: Er kommt wie das Amen in der Kirche alle paar Monate wieder einmal im Familienkreis, als ob er immer noch komplett neu wäre. «Wisst ihr, warum die Giraffen einen so langen Hals haben? – Weil sie den Kopf so weit oben haben.» Immer wieder für Lacher sorgt laut Naomi zudem Jürg Opprechts gedankliche Abwesenheit bei Familiengesprächen. Dann heisst es jeweils: «Dads Geist ist wieder mal auf Wanderschaft.» Und Jürg kontert: «Denken ist Silber, Zuhören ist Gold. Das ist halt eine ‹Opprecht-Disease›: Jon ist genau gleich, mein Vater war auch so.»

> «Dads Geist ist wieder mal auf Wanderschaft.»

Ein einschneidendes Erlebnis ist das einjährige Sabbatical: 1996 zieht Jürg Opprecht zusammen mit der ganzen Familie nach Kalifornien. Während Jon das kaum noch in klarer Erinnerung hat, ist es fast noch die einzige bleibende Erinnerung Adinas, obwohl sie damals erst sechsjährig war: «Das war eine sehr gute Zeit, ich genoss die Schule in den Staaten, die Lehrer, die sich Mühe gaben, uns zu integrieren und die Freude an der Sprache zu vermitteln. Ich war mega hässig, als wir wieder in die Schweiz kamen.» Jon erinnert sich immerhin noch, dass Vater das Unternehmertum auch in Übersee nicht lassen konnte und zwei Häuser kaufte. Was Jon dort ebenfalls abbekommen hat, ist seine Nähe zu Pastoren: «Es ist schon erstaunlich, wie mein Vater immer wieder Freundschaften pflegt zu Pastoren auf der ganzen Welt.»

Naomi hat das Sabbatical wohl am meisten geprägt und verändert. Als damals Zehnjährige war es für sie faszinierend, eine andere Kultur kennenzulernen, selber Ausländerin zu sein – «das war eine Art Novität». «Für mich persönlich hat dieses Sabbatical die grösste Veränderung meines Lebens ausgelöst, umso mehr, als wir danach auch in der Schweiz eine internationale Schule besuchten: Dadurch wurde ich vorbereitet auf ein Leben, in dem ich schnell dauerhafte Freundschaften aufbauen kann. Ich lernte, Abschied zu nehmen und in anderen Kulturen zu leben und die Menschen dort ganz persönlich kennen und schätzen zu lernen – weit entfernt von der üblichen klischeehaften Darstellung von Menschen aus anderen Ländern.»

Interessanterweise erlebt Noëlle das Sabbatical als anstrengende Zeit und nochmals etwas anderes – nicht zuletzt, weil die Eltern sehr unterschiedlich sind: «Vater hat absolut nichts gemacht. Das war für Mutter schwierig, weil für ihn ‹sun, fun and nothing to do› im Vordergrund stand. Er, der spontane, kreative Geist, sie die strukturierte, sorgfältig planende, der manchmal alles etwas zu schnell ging.» Benzli Opprecht trage denn auch viel zum Zusammenhalt in der Familie bei.

Reisen sind offensichtlich eine verbindende Leidenschaft von Jürg Opprecht und seinen Kindern. Wen wundert's, dass sich alle gerne daran zurückerinnern. Einige der Trips waren immer auch Lehrstücke fürs Leben – seien es Ferienaufenthalte oder Geschäftsreisen gewesen, auf denen Jürg Opprecht zum Teil von der Familie begleitet wurde. Adina beispielsweise erinnert sich an die Reise nach Thailand, wo sie in einem Spital mit dem fürchterlichen Anblick von auf dem Boden schlafenden Kindern konfrontiert wird: «Meine Eltern haben mir damals die Realität erklärt. Das hat mich geprägt, obwohl ich damals erst acht Jahre alt war. Zu Hause habe ich dann eine Woche lang nur noch auf dem blossen Boden geschlafen.» Auf dieser Reise wird auch Naomi zutiefst berührt: Sie erinnert sich noch gut an den querschnittgelähmten Lot, den Familie Opprecht unterstützte.

Das kam so: Die Eltern Opprecht wollen ihren Kindern die krassen Gegensätze vor Augen führen. Sie unterstützen deshalb ein Spital in Thailand an der Grenze zu Burma. Erfahren haben sie von diesem Projekt von einem deutschen Geschäftsmann, der in Thailand lebt. Die Kinder sollen erfahren, wie Geld und medizinische Hilfsmittel eingesetzt werden. Sie lernen auch die «Mutter Teresa von Asien» kennen, die dieses Spital führt. Auf dem Rückweg vom Spital zum Hotel trifft die Familie auf Lot: Er liegt mit offenen Wunden am Bein und am Becken auf einer Holzpritsche am Strassenrand – Eiter trieft aus den Hautfetzen, man sieht zum Teil die blutigen Knochen. Ein fürchterlicher Anblick. Genauso schrecklich die Situation des zwölfjährigen Jungen: Er gehört zu einer Gang. Bei einem Schusswechsel im Bandenkrieg trifft ihn ein Geschoss an der Hüfte. Seither ist er gelähmt. Es mangelt an medizinischer Versorgung. Aber noch schlimmer trifft die Teenager der Familie Opprecht das unsägliche Leid dieses Jungen, der auf sich alleine gestellt ist. Gemeinsam entscheiden Eltern und Kinder zu handeln, erinnert sich Jürg: «Dieses Elend konnten wir nicht stehen lassen.» Sie organisieren medizinische Betreuung, zuerst in einem Spital der Baptisten, dann in einem Militärspital, weil dort die bessere medizinische Versorgung gewährleistet wird. Die Unterstützung ermöglicht es dem Jungen, langsam wieder ein würdiges Leben zu führen. Er findet Kraft im christlichen Glauben, lernt im Spital Gitarre zu spielen und macht mit seinen Liedern auch anderen Menschen Mut in ausweglosen Situationen. Die Familie Opprecht denkt danach in jedem Tischgebet bewusst an Lot – dadurch bleibt sie in Gedanken lange und tief mit ihm verbunden.

Die Widersprüche in dieser Welt zwischen Armut und Reichtum, zwischen Verwahrlosung und Luxus, zwischen Krieg und Frieden, zwischen

Erfolg und Misserfolg beschäftigen die Familie. Der Eifer zu helfen ist weit mehr als ein Beitrag zur Beruhigung des Gewissens. Es ist ein Herzensanliegen, dort zur Linderung von Not beizutragen, wo Opprechts spüren, dass Gott Anliegen unmittelbar an die Familie heranträgt. Sie sind bereit, sich aus Dankbarkeit über den eigenen inneren Reichtum zu engagieren. Das heisst aber für Jürg Opprecht nicht, dass er deswegen seinen eigenen finanziellen Reichtum verleugnen muss. Deshalb geniesst die Familie nach der Erkundigungsreise ganz bewusst tolle Ferien in Phuket. Doch auch diese Erinnerung ist verknüpft mit einem bleibenden Erlebnis, das weit über «sun, fun and nothing to do» hinausgeht. Jon erinnert sich eher an den abenteuerlichen Tauchgang, bei dem jemand der Tauchgruppe ertrunken war: Bereits am zweiten Tag steht ein Schnorchel- beziehungsweise Tauchausflug an. Mit dabei ein indisches Ehepaar mit seinem 15-jährigen Sohn. Es geht Jürg und Jon heute noch durch Mark und Bein, wenn sie sich an den Schrei der Frau erinnern: «My husband!» Vom Boot aus sieht Jürg, wie der Mann regungslos und ohne Schnorchel auf der Wasseroberfläche treibt. Sofort schwimmt er zu ihm. Der Mund schäumt. Es braucht Überwindung: Jürg versucht, den indischen Uhrenfabrikanten wiederzubeleben. Doch jede Hilfe ist zu spät. Tot. Der Sohn ist apathisch, die Frau ist völlig verzweifelt: «He cannot go like that.» («Er kann nicht auf diese Weise gehen.») In dieser Situation handelt Jürg intuitiv und nimmt Jon mit: Sie begleiten die Frau und ihren Sohn ins nächste Spital. Das sind knapp drei Stunden Bootsfahrt mit der Leiche im Boot, in Laken eingewickelt. Jürg versucht die Frau so gut als möglich zu trösten. Opprechts spüren die Dankbarkeit der indischen Verwandtschaft, dass man sich um die Hinterbliebenen gekümmert hat. Indes: «Ich dachte, diese Ferien sind futsch. Bei Lot konnten wir ja noch helfen, hier war alles verloren.» Die Grenzerfahrung zwischen Leben und Tod löst jedoch auch im Hotel Betroffenheit aus: «Die Diskussionen helfen, das Desaster zu überwinden. Ich habe einmal mehr gelernt, wie heilsam es ist, Menschen in solchen Momenten nicht alleine zu lassen.» Diese Begebenheit zeigt, wie wichtig die Vater-Sohn-Beziehung in der Entwicklung von Teenagern ist und wie wirkungsvoll Jürg Opprechts innere Haltung auf die Entwicklung seines Sohns abfärbt: «Solche Momente prägen ein Kind», ist er überzeugt, und er freut

> **Die Widersprüche in dieser Welt zwischen Armut und Reichtum, zwischen Verwahrlosung und Luxus, zwischen Krieg und Frieden, zwischen Erfolg und Misserfolg beschäftigen die Familie.**

sich, dass seine Kinder selber ein Herz für Schwache oder Menschen in Not haben.

Jon denkt auch gerne an die Tour mit dem «VW Käfer» durch Italien: «Da hat Dad eine Taube auf die Schultern geschissen», erinnert er sich schmunzelnd. Aber auch ihm haben die Eltern ein Erlebnis ermöglicht, das ihn wachrüttelte – nämlich in Ägypten: In Kairos Stadtteil Manshiyat Naser, besser bekannt als Abfallstadt, konfrontieren sie ihn mit der Realität der Armut. Jürg predigt sogar in dieser speziellen Stadt. Denn die Familie kennt einen Pastor, der in einer Kapelle seinen Dienst versieht und Jürg fragt, ob er zur Gemeinde sprechen würde. Das sei schon ein spezielles Gefühl: «Mitten in den Abfalltürmen sieht man die Kapelle. Die Stadt hat eine besondere Faszination – mehrere zehntausende Menschen leben dort.» Nach der Predigt dann der krasse Gegensatz: «Wir waren beim Chef des Stadtteils eingeladen. Er hatte eine ziemlich luxuriöse Wohnung – sogar mit vergoldeten Sesseln, und dies mitten in der Abfallstadt.»

Die Reisen und Erfahrungen sind auch für Noëlle prägend: Die Zustände in Entwicklungsländern motivieren sie, sich wie der Vater für die Ärmsten einzusetzen, obwohl sie zuerst eine Lehre als Kosmetikerin abschliesst, um erst dann eine kaufmännische Ausbildung und ein Betriebswirtschaftsstudium anzuhängen. Es zeichnet sich immer mehr ab, dass sie in die Fussstapfen ihres Vaters treten könnte. Sie scheint – und das gibt sie unumwunden zu – die «Normalste» in der Familie zu sein: Sie ist gerne zu Hause, gerne in der Schweiz, hat gerne alles sauber strukturiert und ist am liebsten an einem Ort verwurzelt und beheimatet – sie schlägt rein charakterlich eher der Mutter als dem Vater nach. «Demgegenüber sind meine Geschwister geradezu crazy», scherzt sie und betont zugleich, dass sie alle zusammen ein gutes Verhältnis haben. «Wir würden alles füreinander tun.»

Sie schätzt es, dass Jürg ein «fantastischer Grossvater» ist. Gerne verbringt er in seinem dritten Lebensabschnitt viel Zeit mit seinen Enkeln – sei es unterwegs, zu Hause oder auch in seinem Malatelier, wo die Enkel gerne hinkommen. Manchmal muss ihn aber die Familie daran erinnern, dass er nicht mehr der Jüngste ist: Eine Tour durch die Wüste Gobi mit Tochter Naomi wollte er unbedingt mitmachen. Es war aber schwierig, ihn davon zu überzeugen, dass er mit seiner Schlafapnoe (kurze Atemaussetzer im Schlaf) ein zu hohes Risiko eingehen würde, weil auf dem Wüstentrip kein Strom vorhanden gewesen wäre, um nachts die nötige Atemmaske für die nächtliche Überdruckbeatmung betreiben zu können.

Der facettenreiche Bogen spannt sich von Paul über Jürg Opprecht bis hin zu seinen Kindern. Jürg Opprecht würde für seine Kinder alles machen. Aber die Geschichte von Jürg Opprecht zeigt, dass auch die Familie des Ehepartners oder der Ehepartnerin, ja sogar die weiter zurückliegende Vergangenheit der Herkunftsfamilien, ein Leben mehr prägen können, als man es sich vorstellen könnte – manchmal vielleicht sogar mehr, als man es sich wünschen würde. Zu den positiven Aspekten zählt Jürg die Erinnerung an Benzlis Mutter, die mit 90 fast erblindet war, aber trotzdem «dem Herrgott so dankbar war», wie sie immer wieder bekräftigt. «Sie ist mir darin ein grosses Vorbild», sagt Jürg. Er lernte aus dieser Situation, dass Dankbarkeit eine lebensfördernde Grundhaltung und lernbar ist. «Ich als leistungsorientierter Mensch habe hohe Ansprüche an mich selber und an Gott. Es ist gewissermassen eine permanente Erwartungshaltung, geprägt von Bitten, dass Projekte gut gelingen und bitteschön möglichst subito umgesetzt werden sollen.» In dieser inneren Ungeduld lernte Jürg: «Wir dürfen zwar Erwartungen an Gott haben, denn er sagt schliesslich, dass wir bitten sollen, damit uns gegeben wird. Andererseits sagt uns Gott auch, wir sollen in allen Dingen dankbar sein.» Psalm 50,14 hat ihn in diesem Zusammenhang besonders herausgefordert, weil dort für einmal die Erwartungshaltung von Gott zum Ausdruck komme: «Dank ist das Opfer, das ich von dir erwarte.» Das sei eine harte Schule, denn: «Wenn ich opfere, kostet es mich etwas. Es ist einfach dankbar zu sein, wenn ich im Lotto einen Sechser habe. Aber wie ist es auf der anderen Seite, wenn ich nicht viel habe oder nicht mehr bekomme als erhofft? Wie ist es, wenn ich nicht gesund bin? Dann braucht es Disziplin dankbar zu sein. Aber das verändert mich, gibt mir einen anderen Fokus.»

Etwas weniger hat Jürg von Benzlis Vater mitbekommen, der einiges älter war als seine Ehefrau. Als der weitgereiste Vertreter eines Schweizer Pharmaunternehmens in Kolumbien wegen der Ausbildung der Kinder ins Fürstentum Liechtenstein zurückkehrte, war er bereits im Pensionsalter. Eine sich immer wiederholende Szene hat Jürg noch immer präsent: Benzlis Vater brachte vor dem Fernseher immer wieder die Bewunderung für Leute mit grosser Verantwortung zum Ausdruck. So habe er immer wieder gesagt, wenn zum Beispiel über einen Bundesrat berichtet wurde: «Was dieser Mann für eine Verantwortung hat!» Dieser eine Satz hat es in sich und lehrt Jürg heute noch, die eigene Verantwortung ernst zu nehmen. Verantwortung ist positiv, und Verantwortung ist Verpflichtung.

Erwartung und Verantwortung können auf der anderen Seite aber auch Last sein. Jürg erlebte das ebenso stark. Die unausgesprochenen und ausgesprochenen Erwartungen seines eigenen Vaters schufen in ihm eine gewisse Distanz. Jürg spitzt den Grund dafür zu: «Sehr lange hat er mich eigentlich gelebt.» Als sein Vater den Hirnschlag erleidet, nehmen seine Einflussmöglichkeiten auf das Geschehen und das Umfeld ab. Aber die Erinnerung ist tief in Jürg verankert – mit einem gehörigen Mass Potenzial, dass sich Bitterkeit breit machen könnte: «Mein Vater hat mich als Kind nie auf den Schoss genommen. Die Vater-Sohn-Beziehung wurde nicht bewusst gepflegt.» Das ist ein Manko, das nicht nur Jürg beschäftigt, sondern offenbar auch seinen Vater: Als er schon lange krank ist, bittet er seine Frau, Jürg anzurufen. Er wollte mit ihm reden. Als Jürg zu ihm kommt, ist es anders als sonst: Während er normalerweise von der Aphasie, den Folgen des Hirnschlags, gezeichnet und etwas verwirrt ist, wirkt er jetzt für zehn Minuten klar und bestimmt wie in den besten Jahren. Offensichtlich bewältigt er seine Vergangenheit, will reinen Tisch machen, sich erklären. So erläutert er Jürg, warum er manchmal hart war mit ihm: Diese Härte geht bis auf die Urgrosseltern von Jürg zurück. Sie zeigt, wie sehr die familiäre Entwicklung ein Leben beeinflussen kann, selbst wenn man unter Umständen keine Ahnung von der Vergangenheit hat: Jürgs Urgrossvater ist ein prominenter lokaler Landwirt. Es passt ihm als selbstbestimmtem Unternehmer überhaupt nicht in den Kram, dass sich seine Frau entscheidet, ein Leben mit Gott zu führen. Er stellt sie vor die Alternative: Gott oder ich. Jürgs Urgrossmutter zerreisst das schier das Herz – aber sie kann nicht anders, als sich für Gott zu entscheiden. Mit einem Leiterwägeli, in dem Jürgs Grossvater im zarten Alter von etwa sieben Jahren sitzt, und nur mit dem Allernötigsten, macht sie sich auf in eine ungewisse Zukunft. Als alleinerziehende Mutter muss sie sich durch ein hartes Leben schlagen. Jürgs Grossvater führt als Matratzenmacher ebenso ein entbehrungsreiches, unruhiges Leben. Jürgs Vater Paul hat seine Jugend dementsprechend am eigenen Leib ebenso streng erlebt: Sein Vater habe ein hartes Leben gehabt, und das habe er Jürg auch ein wenig weitergegeben, erklärte er seinem Sohn. Diese Geschichte zu erzählen, habe seinen Vater äusserst viel gekostet. Er, der einer Generation entstammt, die sich nicht gewohnt ist, Persönliches zu teilen, habe über seinen eigenen Schatten springen müssen: «Nach dieser Begebenheit sind wir einander ohne grosse Emotionen etwas näher gekommen. Ich konnte damals alles nachvollziehen. Etwas später fiel mir an diesem Beispiel wie Schuppen

> **Es passt ihm als selbstbestimmtem Unternehmer überhaupt nicht in den Kram, dass sich seine Frau entscheidet, ein Leben mit Gott zu führen.**

von den Augen, dass Versöhnung nicht Gefühlsduselei ist, sondern ein bewusster Entscheid. Ich musste mich zwar darin üben, das Positive in meinem Vater zu sehen, aber das half mir, Versöhnung zu leben und selber entlastet zu werden.»

Ein Vorbild zum Thema Versöhnung ist ihm auch Benzli: «Wie bei wohl jeder Mutter kam es auch bei ihr vor, dass sie hin und wieder ausrastete wegen der Kinder.» Solche Situationen kennen alle Eltern. Er sei jedoch dann immer beeindruckt gewesen, wenn seine Frau und Mutter seiner Kinder nach einer unglücklichen Gefühlsregung und Äusserung auf Augenhöhe mit den Kindern ging und sagte: «Es tut mir leid, wie ich es gesagt habe, aber ich meine das, was ich gesagt habe, trotzdem wirklich so. Kannst Du mir vergeben?» Jürg dazu: «Es braucht schon Mut als Mutter, vor den Kindern auf die Knie zu gehen und um Verzeihung zu bitten. Das prägt die Kinder. Es ist mir deshalb in der Familie besonders wichtig, ungute Vorkommnisse nicht unter der Decke schwelen zu lassen, sondern sie ans Licht zu bringen. Das ist eine Willenssache, man muss es immer wieder einüben. Aber es lohnt sich, denn es entlastet und befreit.»

Erwartung, Verantwortung, Berufung, Versöhnung – grosse Begriffe, die eng mit dem Leben und der Familie von Jürg Opprecht verknüpft sind. Tochter Naomi stellt mit zeitlicher und räumlicher Distanz dabei ein Muster fest, das irgendwie doch in der Familie festsitzt: die grosse Bestimmung, die alle Familienmitglieder irgendwie auf dem Herzen tragen. «Wir alle haben das Gefühl, wir hätten eine grosse Berufung – eine Verantwortlichkeit, die Welt zu verändern. Das mag auf den ersten Blick positiv tönen. Aber diese Gedanken gehen einher mit dem angeborenen Bedürfnis, ständig von den Eltern bestätigt zu werden. Ich weiss nicht, woher das wirklich kommt. Es war wirklich niemals der Druck da, wir müssten irgendetwas Grossartiges erreichen. Wir wurden immer ermutigt, unserer Leidenschaft zu folgen. Aber ich habe keinen Zweifel: Wir erbten eine Art Vermächtnis, in die grossen Fussstapfen unserer Familie zu treten. Dieses ‹Bedürfnis zu erfüllen› kann in die Quere kommen, die eigene Energie auf die simplen Freuden des Lebens zu fokussieren.» Dieses Vermächtnis mahnt im Allgemeinen und die Familie Opprecht im Speziellen, immer wieder verantwortungsvoll wie auch versöhnlich zu leben. Die Erkenntnis könnte gar in dieser Aussage gipfeln: Verantwortungsvoll leben, heisst versöhnlich leben.

Lessons learned

Kleine Dinge – mit grosser Liebe getan – verändern die Welt. Unser Engagement ist zwar ein Tropfen auf den heissen Stein. Aber nicht nur eine Massnahme alleine verändert die Welt. Es ist die Summe der ganzen weltweiten Aktivitäten, die es ausmacht. So gesehen lässt sich auch sagen: «Steter Tropfen höhlt den Stein.»

«Gegenständlich»: Dieses Bild entsteht am Zürichsee. Jürg Opprecht ist damals 16 Jahre alt.

«Faszinierend»: Jürg Opprecht hält 1986 während eines Tauchurlaubs auf den Malediven die Unterwasserwelt fest.

2. Kompromisslos leidenschaftlich – Berufung statt Beruf

Kreativität und Innovation

Vater Paul: *Du bist doch kreativ.*
Jürg: *Ja, warum?*
Vater: *Du solltest deine Kreativität für die Firma einsetzen!*
Jürg: *Wie?*
Vater: *Mit technischer Innovation. Du könntest ein zweites Standbein aufbauen.*
Jürg: *Tönt interessant, aber wie?*
Vater: *Das überlasse ich dir, damit du dich profilieren kannst.*
Jürg: *Ich kann's ja mal versuchen.*

Als Jürg ins elterliche Unternehmen einsteigt, profitiert die Soudronic insbesondere von der einen Kernkompetenz, dem Längsnahtschweissen von Weissblechemballagen (Dosen). Der Markt boomt. Gerade das Segment für Sprühdosen ist Mitte der 1970er-Jahre besonders lukrativ: Lacksprays, Pflanzenschutzmittelsprays, Raumdeos, Haarsprays und viele andere Anwendungen können dank dieser Technologie produktiver und sicherer hergestellt werden. Neue technische Lösungen ermöglichen es, dass Verpackungen für die Lebensmittelindustrie geschweisst und nicht mehr – wie früher – gelötet werden. Der Vorteil: Sie enthalten deswegen kein Blei mehr. Der weitsichtig denkende Vater erkennt aber überdies früh, dass nur eine Diversifikation die Zukunft nachhaltig sichern kann – die Technologie könnte nämlich auch in der Automobilindustrie angewendet werden, ahnt er. Im Zentrum seiner Ideen steht die Entwicklung von Maschinen zum Schweissen von Benzintanks oder von Bodenblechen für Autokarosserien oder anderer hochentwickelter Metallbestandteile von Fahrzeugen. Dort sieht Vater Paul für seinen Sohn eine optimale Einstiegschance nach dem Abschluss der Höheren Technischen Lehranstalt (HTL) in Windisch. Rückblickend betrachtet, meint Jürg, dass sein Vater vermutlich nicht wollte, dass sein Sohn auf einer Erfolgswelle mitreitet, sondern sich mit etwas Neuem, etwas Eigenem, profiliert.

Wenn er schon kommen muss, will er auch noch etwas davon haben, sagt sich der frisch gebackene Berufsmann. Jürg kann es seinem Vater abringen, dass er noch zwei Kollegen von der HTL mitnehmen kann. Und das läuft dann gar nicht mal so schlecht: «Vater hat mir eine Aufgabe gegeben, die mir sehr viel Freude machte. Wir tüftelten an Industrielösungen für renommierte Automarken.» Die Situation ist schon etwas speziell: Die drei sind im Studium Kollegen, nun ist Jürg plötzlich deren Chef: «Aber eigentlich ging das recht gut.» Doch wie es manchmal so läuft: Jeder entwickelt sich in eine andere Richtung. Mit der Zeit verliert man sich aus den Augen, trifft sich gelegentlich wieder an Klassentreffen. Apropos Klassentreffen: «Als wir uns das letzte Mal sahen, sprachen einige der Kollegen meiner damaligen Klasse nur noch von ihrer bevorstehenden Frühpensionierung. Das hat mich traurig und nachdenklich gestimmt. Da war keine Leidenschaft mehr vorhanden.» Jürg Opprecht ist sich denn auch sicher: Der Enthusiasmus ist es, was die Freude am Beruf ausmacht – ein weiterer roter Faden in Jürg Opprechts Leben. Das hört in seinen Augen auch im dritten, «goldigen» Lebensabschnitt nicht auf: Er sieht Chancen für Menschen, sich neu einzubringen – sei es in der Wirtschaft mit dem unermesslichen Schatz an Wissen und Erfahrungen oder mit ehrenamtlichen Engagements zugunsten der Gesellschaft: «Es liegt bei aktiven, älteren Menschen noch so viel drin. Das Potenzial liegt auf der Strasse und wartet nur, neu entdeckt zu werden.»

Jürg entwickelt grosse Freude an der Arbeit. Dank der guten Zusammenarbeit mit seinen Kollegen kommen er und seine Firma voran. Mensch und Maschine sieht er als Ergänzung: Nie hat er nur ein Produkt vor Augen. Immer sieht er innerlich die Menschen, die daran arbeiten und die das Produkt einsetzen. Das Team lässt sich zu Höchstleistungen motivieren. Sein Job macht dem mittlerweile 30-jährigen Geschäftsmann und Ingenieur deutlich, dass er sowohl aus Menschen als auch aus Maschinen viel herausholen kann. Er ist der begnadete Initiator und Motivator und entwickelt das Gespür für technisches und menschliches Erfolgspotenzial.

Wie es bei so vielen Männern ist, hat auch Jürg Opprecht ein Faible für schnittige Autos. Sein innerer Drang, in seinen Aufgaben eine Mission zu sehen, bringt ihn auf neue Ideen. Die Herausforderung, die ihm sein

Vater stellt, beflügelt ihn tatsächlich. Daraus resultieren in seiner Zeit als Bereichsleiter für die Automobilbranche zwei Innovationen: Im Auftrag einer renommierten Automarke entwickelt sein Team eine Maschine, um Benzintanks effizient zu schweissen. Die Erkenntnisse aus der Weissblechemballage waren hierfür sehr hilfreich. Die Diversifikation erweist sich sehr schnell als richtig und wichtig, weil die guten alten Büchsen – bis auf Lebensmitteldosen – bald einmal nicht mehr so gefragt waren. In diese Zeit fiel zudem das Bestreben der Automobilindustrie, die Produktion zu rationalisieren, Material zu sparen, die Sicherheit zu erhöhen und die Wertschöpfung langfristig sicherzustellen. Das erfordert neue Technologien in der Produktion: Gewicht senken und Material sparen, lautet die Devise. Die Zeit der starren schweren Limousinen war vorbei. Jürg Opprecht suchte mit seinem Team nach Lösungen, um die Karosserie zu flexibilisieren: Der Mittelteil muss starr und sicher sein, und gleichzeitig müssen vorne und hinten Knautschzonen geschaffen werden.

Jürg Opprecht ist in seinem Element und entwickelt gedankliche Lösungsansätze: «Wie können wir mit unseren Maschinen dazu beitragen, dass die drei Teile der tragenden Karosserie mit zwei Schweissnähten so zusammengefügt werden, dass Material gespart und gleichzeitig das Knautschzonenverhalten verbessert wird?» Eine Herausforderung für den jungen Ingenieur, die aber dank konstruktiver Zusammenarbeit mit dem deutschen Automobilhersteller von Erfolg gekrönt ist: Die Eigenentwicklung findet Anklang und wird rasch von verschiedenen Automarken übernommen. Aber der Konkurrenzdruck aus Asien ist gross. In den Patentschutz muss genauso viel Geld investiert werden wie in Neuentwicklungen. Jürg verschweigt nicht, dass die Entwicklung der Benzintankschweissmaschine viele schlaflose Nächte mit sich brachte, weil im Bereich der Verarbeitungsgeschwindigkeit Probleme aufgetreten sind. Es brauchte viele Investitionen, bis sie behoben werden konnten. Dann kommt die Periode des Hoffens und Bangens. Vom Autobauer hört man lange Zeit nichts mehr. Erst ein Jahr später kommt ein Anruf: Wir brauchen eine Offerte für drei weitere Maschinen. Jürg Opprecht – auf das Schlimmste gefasst – fragt nach den Hintergründen und erhält die lapidare, erlösende Antwort: «Ich würde sicher nicht nochmals bestellen, wenn nicht alles optimal gelaufen wäre.» Die Erleichterung ist gross.

Das Unternehmen entwickelt sich gut. Der Beruf macht Spass, auch wenn die Familie in der Führung der Firma immer wieder Spannungen aushalten muss. Auch von internen Machtkämpfen bleibt sie nicht verschont.

Der Beruf macht Spass, auch wenn die Familie in der Führung der Firma immer wieder Spannungen aushalten muss. Auch von internen Machtkämpfen bleibt sie nicht verschont.

Bei Jürg Opprecht entwickelt sich auch eine Spannung zwischen den Elementen Mensch und Maschine. Die technischen Errungenschaften verschaffen Befriedigung, wecken zuweilen auch Begeisterung. Und doch im tiefsten Inneren beginnt er zu spüren, dass ihm eigentlich die Menschen viel eher am Herzen liegen als die Technik. Ein Prozess setzt ein. Er spürt: Technische Probleme sind für ihn immer eine echte und willkommene Herausforderung, aber Personalfragen oder angespannte Situationen in der Mitarbeiterschaft kosten Jürg je länger desto mehr sehr viel Substanz. «Was das wohl zu bedeuten hat?», fragt er sich.

Eine einschneidende Erfahrung ist für Jürg Opprecht das Abenteuer Amerika: Sein Vater ermöglicht ihm den Ausbau einer Niederlassung in New York. 1983 reist er mit seiner schwangeren Frau für ein Jahr in die Staaten. Das gefällt Benzli und Jürg, denn es entspricht ganz ihrem Wesen, Neues zu wagen, zu erkunden und gemeinsam etwas zu entwickeln. Jürg ist als Delegierter des Verwaltungsrats mit der Aufgabe betraut, in den USA aus der Verkaufsorganisation eine Marketingorganisation zu entwickeln. Der Kundschaft sollen zusätzlich ein effizienter Ersatzteilservice und In-House-Schulungen angeboten werden.

Auch die Benzintankschweissmaschine soll auf dem amerikanischen Markt eingeführt werden. Jürg erinnert sich: «Es war eine besondere Herausforderung, in der damals sehr konservativen amerikanischen Autoindustrie neue Technologien einzuführen. Bei Ford lernte ich einen jungen, sehr ambitionierten Manager kennen. Er sagte mir offen, dass er einen Karrieresprung machen möchte. Er versprach sich besonders viel Nutzen daraus, wenn es ihm gelänge, das Top-Management von Ford von der neuen Soudronic-Technologie zu überzeugen. Ich tat alles, um ihn dabei zu unterstützen.» So wurde Jürg Opprecht eines Tages für eine Präsentation vor das Management eingeladen. «Ich staunte nicht wenig, als ich in einen Saal geführt wurde, in dem gegen 50 interessierte Ford-Angestellte aus allen Führungsstufen und Bereichen – namentlich aus der Forschung und Entwicklung – sassen.» Dabei lernte Jürg, dass man aus jeder Situation das Beste machen muss, denn: «Etwas peinlich war, dass ich zu spät kam. Zum Glück war ich unschuldig, da das Flugzeug Verspätung hatte, aber sie harrten aus, bis ich kam, und hingen an meinen Lippen.» Jürg Opprecht überzeugt. Der «American Dream» wird wahr. Der erste Schritt zum Durchbruch auf dem amerikanischen Markt ist geschafft. Nun beginnt die Knochenarbeit mit all den technischen Abklärungen, Schweissversuchen, Marketinganstrengungen. Natürlich ist die Freude im Schweizer Mutterhaus gross, denn wenn einer der grossen amerikanischen Automobilhersteller einsteigt, würden andere folgen. Lob vom Vater erhielt der Junior aber wie meistens nur über Drittkanäle. Ob da wohl die Befürchtung mitschwingt, er könnte sich zu rasch auf den Lorbeeren ausruhen?

Doch schon nach einem Jahr kam der Rückruf in die Schweiz. Die Firma brauchte im Blechemballagen-Geschäft neue Impulse. Jürg wurde berufen, als Delegierter des Verwaltungsrates eine Strategie zu entwickeln.

Zwar wollte Paul die Nachfolgeregelung immer von langer Hand vorbereiten, aber so eilig hatte er es denn doch nicht. Nach seinem Hirnschlag 1985 drängte die Zeit. Turbulente Zeiten für Firma und Familie. Jürg wird angefragt, ob er die Verantwortung als CEO übernehme. In Jürg Opprecht gärt es. Ist es an der Zeit zu wechseln? Ist mein Beruf auch meine Berufung? Oder gibt es da noch etwas anderes, womit ich meine Stärken besser zur Entfaltung bringen kann?

Ist es an der Zeit zu wechseln? Ist mein Beruf auch meine Berufung?

Benzli und Jürg ringen um eine Antwort im Wissen, dass dies ein Entscheid fürs Leben sein würde. Es geht dabei nicht nur um die eigene Karriere, sondern auch um die familiäre Konstellation. Letztlich setzt sich die Vernunft durch: Nachdem er nun viele Jahre dem Wunsch seines Vaters gefolgt ist, eine Laufbahn im Familienunternehmen konsequent zu verfolgen, wagt er das scheinbar Unaussprechliche: Er sieht sich nicht mehr in der operativen Verantwortung. Die Familie entscheidet sich, eine externe Lösung für die Besetzung des CEO zu suchen.

Nach mehreren Jahren mit operativer Verantwortung im Automobilbereich übernimmt Jürg Opprecht die Funktion als Präsident des Verwaltungsrats der Soudronic Holding AG, in der die Firmen für die Weissblechemballage und die Automobilindustrie zusammengefasst sind und die mittlerweile weltweit 600 Mitarbeitende zählt.

Nach seiner Zeit in den USA will er unbedingt noch in einer Firma ausserhalb Soudronic Führungserfahrung sammeln: «Mein Vater stimmte zähneknirschend zu.» Er sieht ein, dass Jürg nicht unrecht hat: «In der eigenen Firma geniesst man als Juniorchef einerseits viele Vorrechte und Autorität aufgrund der Stellung, andererseits sind die Erwartungen sehr hoch. Man kann sich eigentlich keine Fehler leisten. Ich wollte einmal als ganz ‹normaler› Chef wahrgenommen werden, und mich in dieser Aufgabe bewähren.»

So wirkt Jürg Opprecht während drei Jahren als Geschäftsführer einer Firma im Bereich Fördertechnik in Basel. Seine Aufgabe besteht darin, die Firma aus den roten Zahlen zu führen, was ihm bereits im ersten Jahr gelingt. Die Firma hatte zwar einen Chef, der aber aus gesundheitlichen Gründen seine Funktion nicht mehr wahrnehmen konnte. So bildeten sich in der Unternehmung kleine Königreiche, in denen jeder seine eigenen Regeln aufstellte. Das ist für Jürg eine Herausforderung. Die meisten Mitarbeiter sind älter als er, der da als Branchenfremder kommt und nun plötzlich Ziele steckt, Strategien und Budgets verlangt. Alle werden gewissermassen aus ihrer Komfortzone gedrängt. Jürg spürt, dass hinter seinem Rücken gemeckert wird. Die Gewissheit, dass er das Richtige tut, gibt ihm Kraft, am Kurs festzuhalten. Unrentable Produkte werden aus dem Sortiment gestrichen, bestehende Produkte verbessert und neue entwickelt. Die Techniker hat er auf seiner Seite, Marketing und Verkauf brauchen manchmal «Nachhilfe». Der Delegierte des Verwaltungsrats kennt Jürgs ethische Einstellung. Er möchte, dass die Mitarbeitenden und deren Familien davon profitieren. Zum Beispiel als ein Mitarbeiter praktisch über Nacht seine Familie verlässt, um zu seiner neuen Freundin zu ziehen. Der Delegierte des Verwaltungsrats regt an, dass Jürg mit ihm reden soll. Jürgs Reaktion ist unmissverständlich: «Das ist doch seine Privatsache.» Er überlegt es sich aber dennoch, ob und wie er diese Herausforderung annehmen soll. Schliesslich lädt er den Mitarbeiter zum Mittagessen ein. Er sagt ihm, dass er ihn nicht als Chef einlade. Er will ein persönliches Gespräch von Mann zu Mann führen und schildert seinem Gegenüber, wie schwer dies für seine Frau und Kinder sein muss. Er hat den Mut ihn zu bitten, die Situation zu überdenken. Jürg ist sich bewusst: Was immer er auch entscheidet, sobald die Leistung seines Angestellten unter der Situation leidet, wäre er auch als Chef gefordert und müsste Konsequenzen ziehen.

> Alle werden gewissermassen aus ihrer Komfortzone gedrängt.

Der Mensch steht bei Jürg Opprecht im Zentrum. Doch es gibt auch einige wenige «Zahlenmomente», die ihn berühren. Jürg wird nie vergessen, wie der Controller mit ihm das erste Jahresergebnis der Basler Firma bespricht: Sie sitzen sich im Besprechungszimmer gegenüber, der Controller mit sauber gebündelten Dokumenten, Jürg mit Block und Schreiber. Jürg schaut ihn erwartungsvoll an. Dann hört er: «Im Jahr vor Ihrem Eintritt haben wir noch einen Verlust von zweieinhalb Millionen Franken geschrieben, jetzt schreiben wir einen Gewinn von einer halben Million.» Langes Schweigen. Jürg kriegt feuchte Augen. Nun weiss er: Er kann auch Erfolg haben, ohne der Sohn des Chefs zu sein!

«Der eingeschlagene Weg hat sich bewährt», sagt Jürg Opprecht, der sich aber nicht aus dem eigenen Familienunternehmen verabschiedet, sondern ihm weiterhin als Verwaltungsratspräsident erhalten bleibt. Er versteht es als Dienst – gegenüber der Familie, den Mitarbeitenden, dem Unternehmen. Genau dieser dienende Aspekt ist es, der dem Mittedreissiger immer wichtiger wird: In der Chefetage soll nicht vor allem geherrscht, sondern gedient werden, denn: «Wir haben eine Verantwortung den Menschen gegenüber. Sie sollen sich entfalten und auch dem Unternehmen dienen können. Wirtschaft ist kein Selbstzweck. Zum Prinzip der Gewinnoptimierung kommt das Prinzip der Dienstoptimierung hinzu.»

Sein Vater hat die dienende Unternehmenskultur von Beginn weg geprägt, auch wenn er als Choleriker tüchtig poltern konnte: «Er konnte trotzdem den sehr weichen Kern von sich zeigen.» Ein Erlebnis hat Jürg beeindruckt: Die Frau eines langjährigen Mitarbeiters wurde plötzlich schwer krank. Im Haushalt gab es noch nicht einmal eine Waschmaschine: «Da hat er der Familie kurzerhand eine Waschmaschine bestellt und geschenkt.»

Mutter Annemarie war so etwas wie das soziale und fürsorgliche Gewissen im Unternehmen. Das äusserte sich in Kleinigkeiten, zum Beispiel, wenn sie am Klaustag allen Mitarbeitenden ein «Chlaussäckli» überreichte. «Mein Vater wäre eigentlich froh gewesen, sie hätte ihm alles Soziale und Personelle abgenommen. Sie war die Grande Dame, wenn auch nicht wirklich im Unternehmen, obwohl sie – im Gegensatz zum Vater – sehr gerne im Mittelpunkt stand.»

> **Mutter Annemarie war so etwas wie das soziale und fürsorgliche Gewissen im Unternehmen.**

Jürg wird klar: «Ich bin verantwortlich. Aber ich will nicht nach Macht streben. Ich will Verantwortung übernehmen – nicht nur für die Firma, auch für mich persönlich, für meine Familie, für meine Mitarbeitenden, meine Kunden, ja sogar für den Staat.» Was heisst das konkret? Er geniesst die Familie und sieht sie als «kostbaren Garten, den ich geniessen kann». Er habe sich auch immer mehr gefragt, ob er für seine Firma ein guter Verwalter sei. Auch wenn ihm die Menschen näher liegen, betont er, dass es eminent sei, für Sachwerte Verantwortung zu tragen. Und er stellt ein Spannungsfeld fest: Als bekennender Christ beobachtet er Menschen, die eine religiös motivierte Verachtung für Sachwerte entwickeln: «Die gleichen Menschen wundern sich dann, wenn sie wenig haben. Es ist nicht möglich, in einem Bereich fruchtbar zu sein, den man eigentlich verachtet.» Sodann legt er den Fokus auf die Mitarbeitenden: «Als Unternehmer müssen wir in Menschen investieren, nicht nur in Produkte. Ich will vor allem die Person kennenlernen und stelle mir die Frage: Glaube ich an sie? Nicht die Produktidee ist in erster Linie wichtig, sondern die Person, die dahinter steht. Zuerst das richtige Team, dann das richtige Produkt.» Was heisst das aber den Kunden gegenüber? «Nur beste Produkte und Dienstleistungen sind gut genug. Wir dürfen uns nicht mit dem Zweitbesten zufriedengeben. Seien wir besser als die Konkurrenz! Dann haben wir auch glückliche Kunden.» Und warum haben wir Verantwortung gegenüber dem Staat – Jürg Opprecht: «Der Staat ist nicht perfekt, aber er ist von Gott eingesetzt. Deshalb sollen wir dem Staat gegenüber mit Respekt begegnen und dazu beitragen, dass gute Rahmenbedingungen gestärkt werden können.» Ich erinnere mich gerne an das ausgezeichnete Verhältnis, das wir mit der Steuerbehörde hatten. Die Verantwortlichen waren damals sehr wirtschaftsfreundlich und halfen uns beispielsweise, eine vorteilhafte Nachfolgeregelung zu realisieren.

> Jürg wird klar: «Ich bin verantwortlich. Aber ich will nicht nach Macht streben. Ich will Verantwortung übernehmen – nicht nur für die Firma, auch für mich persönlich, für meine Familie, für meine Mitarbeitenden, meine Kunden, ja sogar für den Staat.»

Die Zeit als Verwaltungsratspräsident ist geprägt vom Ringen mit der Verantwortung. Wie kann die Firma langfristig gesichert werden? Die Frage drängt sich immer mehr auf, da sich in der dritten Generation keine Nachfolge abzeichnet. «Die Kontinuität war mir wichtig. Ich machte den Vorschlag, die Firma zu verkaufen.» 1998 war es so weit: Im Todesjahr seines Vaters wird das Unternehmen an einen angelsächsischen Investor verkauft. Die Arbeitsplätze können gesichert werden, das Management bleibt erhalten. Der Verkauf ist noch nicht abgeschlossen, als Jürg Opprechts Vater stirbt. Paul erfährt auf Wunsch von Annemarie Opprecht-Grollimund nichts von den Verkaufsabsichten. Jürg ist überzeugt: «Es ist gut, dass er davon verschont blieb.»

Die Zeit im Familienunternehmen war gezeichnet von Höhen und Tiefen, aber das Unternehmen verzeichnete konstantes Wachstum: Als Jürg Opprecht das Verwaltungsratspräsidium übernimmt, arbeiten 600 Mitarbeitende, beim Verkauf sind es 900.

15 Jahre trägt Jürg Opprecht die Verantwortung als Verwaltungsratspräsident. In dieser Zeit macht er eine spannende Entwicklung durch – einerseits kann er als strategischer Verantwortlicher seinem Unternehmen einen besonderen Stempel aufdrücken. Andererseits kann er sich auf andere Schwerpunkte in seinem Leben fokussieren. Er realisiert dabei, dass er immer mehr aus seinem Beruf in seine Berufung hineinwächst.

«Manchmal», so Jürg Opprecht, «denke ich schon mit kurz angehauchter Wehmut an diese Zeiten zurück. Es ist immer ein schmerzlicher Prozess, ein Familienunternehmen zu verkaufen. Aber der Mut lohnt sich, wenn man Ziele vor Augen und Visionen hat. Wie heisst es doch in der ermahnenden Aussage: Die erste Generation baut ein Unternehmen auf, die zweite hält es am Leben und die dritte reisst es nieder.» Bei Soudronic kann indes die zweite Generation das Unternehmen weiter ausbauen und mit dem Verkauf die langfristige Existenz sichern. Die Strategie der Multiplikation und des persönlichen Loslassen-Könnens zeichnen den Erfolg des Unternehmens und seinen Chef aus: Jürg Opprecht leitet – von seinem Vater motiviert, aber aus seinen Fussstapfen hinaustretend – die Diversifikation ein. Dank eigenen Entwicklungen und der Kooperation mit Partnern oder dem Zukauf von kleineren Firmen im In- und Ausland mit komplementären Produkten ergeben sich neue Möglichkeiten. Der Zugang zu den internationalen Märkten öffnet sich. Die Umsätze

> **Es ist immer ein schmerzlicher Prozess, ein Familienunternehmen zu verkaufen. Aber der Mut lohnt sich, wenn man Ziele vor Augen und Visionen hat.**

werden vervielfacht. Aber Jürg Opprecht will sich nicht mit Zahlen oder eindrücklichen Wachstumsraten ein Denkmal setzen. Vielmehr fokussiert er auf persönliches Wachstum und Multiplikation seiner vielschichtigen Begabungen, als er das Familienunternehmen in guten Händen weiss. Er bricht zu neuen Ufern auf.

> **Lessons learned**
>
> Erkenne die Freude in Dir. Stelle auf Deine Begabungen und Neigungen ab. Setze sie kompromisslos ein. Wage Neues. Gehe an die Grenzen des technisch Machbaren. Motiviere andere. Geniesse den Erfolg.

«Es gilt, Hindernisse zu überwinden. Nur so wird der goldene Weg siegreich sein.»

«Hoffnung für die Zukunft, etwas Neues bricht an», sagt Jürg Opprecht über dieses Bild.

3. Die folgenschwere Entscheidung

Jürg und sein Schatten

Schatten: *Jürg, du kannst Grosses bewirken und deinen Schatten vorauswerfen!*
Jürg: *Ja, schon, die Frage ist nur, welchen Schatten.*
Schatten: *Dein Erfolg eilt dir voraus – die Firma, die wächst.*
Jürg: *Schon. Nur – irgendwie scheint mir, dass es noch mehr als das gibt.*
Schatten: *Komm doch, die Welt liegt dir zu Füssen. Wie heisst es doch so schön: «I did it my way.»*
Jürg: *Ob ich diesem Druck gewachsen bin?*
Schatten: *Ein bisschen Herausforderung schadet doch gar nicht.*
Jürg: *Klar, aber ich ahne, ich bekomme noch einen anderen Kick von oben. Vielleicht heisst es besser: «I did it His way.»?*

Was aber ist die Lebensaufgabe von Jürg Opprecht? War es das nun? Was kommt? Ist eine neue Entscheidung nötig? Als sich Jürg auf das Verwaltungsratspräsidium der Soudronic konzentriert, stellt er sich – 38-jährig – die für ihn alles entscheidende Frage: «Ich fragte Gott, was ich machen soll.» Gefragt, getan? Weit gefehlt. Nach viel Erfolg und Zerbruch folgt ein kompletter Schnitt in seinem Leben, und ein mehrjähriger Prozess setzt ein.

Nach viel Erfolg und Zerbruch folgt ein kompletter Schnitt in seinem Leben, und ein mehrjähriger Prozess setzt ein.

«Ich dachte zuerst an eine theologische Ausbildung», sagt der Geschäftsmann, in dessen Leben der persönliche Glaube an Jesus Christus seit jeher eine wichtige Rolle gespielt hat. «Ich habe mich mehrfach beworben und hätte an verschiedenen Orten anfangen können. Aber ich wollte dann doch nicht nochmals die Schulbank drücken.»

Der Praktiker und Umsetzer Opprecht schimmert durch. Doch, was nun? In dieser Situation erfährt er, dass eine theologische Ausbildungsstätte einen Geschäftsführer suche: Ein eher aussergewöhnlicher Karriereschritt für einen Unternehmer. Aber er macht ihn. Er gibt alles auf: Eine Villa mit Schwimmbad, drei Autos, lukrative Geschäftsbeziehungen. Er spürt: Sein Netzwerk trägt ihn – geschäftlich und persönlich. Nur ahnt er bei Weitem nicht, was diese Entscheidung alles auslösen wird. Fürs Erste heisst es für seine Familie zurückzustecken: Der Einzug in eine bescheidene Wohnung in einem Altbau mit knarrenden Holzböden im Appenzellerland ist eine Herausforderung, wird aber auch zum Segen.

In Walzenhausen baut Jürg Opprecht das Konzept der bestehenden Schule komplett um: «Ich wollte in der Ausbildung mehr Praxisnähe und Nähe zu den kirchlichen Gemeinden.» Aus seiner Vision der fundierten wie praktischen theologischen Ausbildung werden sieben Aufbaujahre in Walzenhausen – zwei Jahre als Geschäftsführer, und danach fünf Jahre als Schulleiter.

Die Zeit in Walzenhausen entpuppt sich als Leben in zwei Welten: Gestern das Gebet für Spenden zur Finanzierung des Schulbetriebes, heute im Verwaltungsrat der Soudronic der Entscheid um Millioneninvestitionen. Das scheint auf den ersten Blick so gar nicht zusammenzupassen. Doch er ist überzeugt: «Hier konnte ich meine Begabung wirklich leben und lernte das Business aus einer komplett anderen Perspektive kennen. Bescheidenheit gepaart mit Mut. Gleichzeitig lernte ich, dass Gott durch viel und wenig wirken kann. Ich lernte durch die Bibelschule interessante Menschen kennen, hatte prägende Begegnungen und durfte in vielen Menschenleben etwas bewirken.»

Dass es überhaupt so weit kommt, die Leitung einer Bibelschule zu übernehmen, hat Gründe, die viel weiter zurück liegen. Nämlich bis ins Jahr 1975, als Jürg und Benzli noch nicht lange verheiratet sind: Sie erleben erste Glaubenserfahrungen im übernatürlichen Bereich – einen eigentlichen geistlichen Aufbruch. Sie besuchen eine christliche Sprachschule in London. Jürg erinnert sich gut an den Ort, denn er hat Kultcharakter, lag die Schule doch an der Abbey Road, gerade schräg gegenüber des Orts, wo die Beatles Studioaufnahmen machten und wo auch das berühmte Bild auf dem Fussgängerstreifen für ihr Schallplattencover «Abbey Road» geschossen wurde. Seine Freude an den Beatles schimmert durch, er beginnt leicht zu wippen, innerlich läuft die ganze Schallplatte mit bekannten Liedern wie «Here Comes the Sun» in ihm ab.

Indes: Er erlebt einen anderen Aufbruch als die berühmten Musiker. Für ihn als trockenen, traditionellen Schweizer Freikirchler sind die Erfahrungen im Spurgeon College der charismatischen Baptisten in London zuerst einmal schockierend und dann wegweisend – Parallelen zum Aufbruch der Beatles gibt es durchaus. Jürg Opprecht ist sehr skeptisch gegenüber der Art, wie die charismatischen Baptisten ihren Glauben leben: «Die Aufforderung, für Jesus zu klatschen, erschien mir geradezu als Gotteslästerung.» Aber plötzlich merkt er, dass von dieser freieren Art der Glaubensbezeugung und der inneren Überzeugung, dass Gott immer noch Wunder tut, eine unglaubliche Ausstrahlung und Kraft ausgeht. Besonders eindrücklich erlebt er dies während eines Missionseinsatzes in den Strassen Londons während ein paar Feiertagen: «Wir hatten vor dem Einsatz dafür gebetet und waren völlig verblüfft, dass wir sogar in Nachtclubs das Mikrofon in die Hand gedrückt bekamen und mehrere Möglichkeiten erhielten, von Gott zu erzählen.» Jürg ist seither zutiefst überzeugt: «It always starts with prayer.» (Es beginnt immer mit Gebet.) Aber auch die zeichenhafte Handlung der Fusswaschung ist ihm völlig neu, obwohl er davon in der Bibel schon viele Male gelesen hat: «Ich fragte mich einmal mehr, ob denn das nicht sektiererisch sei.» Trotzdem: Jürg wagt sich und muss einem ehemaligen Drogenabhängigen die Füsse waschen. «Ich konnte es kaum fassen, aber während ich diesem Ex-Drögeler die Füsse wusch, entwickelte sich eine grosse

Das war eine übernatürliche Erfahrung, die ich machen musste.

Liebe zu diesem Menschen, den ich vorher eher verabscheute. Dieses Gefühl war plötzlich da. Das war eine übernatürliche Erfahrung, die ich machen musste. Niemand hat mir das gesagt, aber ich habe gespürt, dass mir Gott damit etwas sagen will.»

Dem ist aber nicht genug. Während eines weiteren Einsatzes auf einem Bauernhof in England stehen Benzli und Jürg vor der Scheune und werden unvermittelt von einer Frau, die aus einem Taxi steigt, gefragt, ob ein gewisser Peter in ihrem Team sei. «Wir kannten weder die Frau, noch kannte die Frau diesen Peter Gammons, den es tatsächlich in unserem Missionseinsatzteam gab. Aber sie bekam den Eindruck von Gott, dass dieser Peter Evangelist werden und in Gottes Namen Zeichen und Wunder bewirken würde.» Als nicht wirklich sofort etwas passiert, das diesem Eindruck entspräche, ist Jürg sichtlich erleichtert: «Also doch nicht», denkt er sich. Aber er sollte sich täuschen. Denn seither ist aus dieser Berufung heraus der evangelistische Dienst von Dr. Peter Gammons entstanden, der mit seiner Botschaft in rund 40 Jahren 100 Millionen Menschen auf der ganzen Welt erreicht hat und dessen Auftritte regelmässig von Heilungen begleitet werden. Gammons spricht in riesigen Gottesdiensten mit bis zu vier Millionen Besuchern und ist persönlicher geistlicher Berater von Staatspräsidenten und Premierministern. Jürg erfährt erst Jahre später davon, als er die Bibelschule Walzenhausen leitet: Die ehemalige Sekretärin an der Sprachschule in London, wo Jürg sein Englisch aufbesserte, besucht Jürg und Benzli in der Schweiz und berichtet ihnen, dass sie von Peter Gammons und seinen evangelistischen Reisen in islamische Länder gehört habe und wie Zeichen und Wunder geschehen seien. «Da wusste ich: Ich muss Peter Gammons für einen Besuch in Walzenhausen gewinnen. Der Auswirkungen war ich mir nicht bewusst. Wie sollte ich auch.» Schon bald treffen sich die ehemaligen Studienkollegen im beschaulichen Appenzeller Vorderland über den sanft abfallenden Hügeln zum Bodensee. Was aber an den Vorträgen abgeht, ist alles andere als beschaulich: «Die erste Zeit an diesem Abend ging ja noch. Peter berichtete über seine Einsätze und sein Herz für die Weltevangelisation. Zu meiner Beruhigung erlebten wir nicht gleich Zeichen und Wunder.» Es sollte aber anders kommen. Denn Peter Gammons hat drei Eindrücke. Einer davon betrifft eine Person im Raum, die im rechten Knie Schmerzen hat. Gammons hat den Eindruck, dass er für Heilung beten soll. «Ich war völlig überrumpelt und als Schulleiter herausgefordert. Denn zu allem Übel war gerade ich die Person, die gemeint war: Ich hatte nach einem Fussballspiel einige Tage davor eine Knieverletzung davon getragen und konnte nicht mehr Velo fahren. Als Peter für mich betete, wurde es in meinem Knie warm und ich war geheilt. So haben übernatürliche Erfahrungen auch in meiner bislang eher zurückhaltenden Bibelschule Einzug gehalten.» Natürlich wird das nicht von allen gleich wohlwollend aufgenommen, was Jürg aufgrund seiner eigenen Einstellung, die er zu revidieren beginnt, durchaus verstehen kann. Was er selber gelernt hat: «Es ist nicht wichtig, ob jemand Übernatürliches erlebt oder praktiziert. Es ist jedoch segensreicher, wenn wir andersdenkende Gläubige nicht verurteilen, sondern uns mit solchen Phänomenen auseinandersetzen.» Das ist dicke Post und prägt den weiteren Weg von Jürg. Er öffnet seine Wahrnehmung und ist bereit, im Glauben neue Erfahrungen zu sammeln und Schritte zu wagen – unternehmerisch wie geistlich und persönlich. Damit ist der Weg geebnet, die Leitung der Bibelschule zu übernehmen. Jürg Opprecht bleibt sich, seiner Persönlichkeit und seinen Begabungen aber auch in diesem gottgeführten Lebensabschnitt treu: Nach erfolgreicher Aufbauarbeit an der Bibelschule gibt er die Verantwortung in andere Hände, ein Theologe übernimmt die Bibelschule.

Seine unternehmerische Ader ist nicht erloschen. Im Gegenteil, weil er aufblüht, sieht er neue Möglichkeiten, mit einem Teil der Dividende aus seinem Unternehmen auch zur Verankerung und Verbreitung des christlichen Glaubens in der Gesellschaft beizutragen. 1992 gründet er dazu die Stiftung Titus. Sie bezweckt, dass christliche Werte im In- und Ausland bewahrt oder gefördert werden und der christliche Glaube verbreitet werden kann. Ein Teil des Vermögens wird in diese Stiftung eingebracht, wobei von der ganzen Familie bestimmt wird, wie das Geld verwendet und verwaltet wird.

Der Name Titus ist Programm: Er rührt daher, dass Titus – Jünger von Jesus, Missionar und Schüler von Apostel Paulus – von seinem Lehrmeister Paulus beauftragt wurde, die Kollekte der Gemeinden einzusammeln und weiterzugeben (Bibel, 2. Korintherbrief, Kapitel 8). Jürg Opprecht legt diese Bibelstelle so aus: «Er war quasi der Überbringer der Gaben. So versteht sich auch die Stiftung Titus.» Opprecht will damit etwas vom empfangenen materiellen Segen weitergeben.

Seine Entscheidung, sein Leben grundsätzlich neu zu ordnen, bringt viele weitere Entscheidungen mit sich. Mit der Gründung der Stiftung Titus hat sich die Familie entschieden, bei Bedarf auch mehr als üblich von den eigenen Einkünften weiterzugeben: «Mir war zwar immer klar, den zehnten Teil meines Einkommens abzugeben für Projekte, die Hilfsbedürftigen oder kirchlichen Projekten zu Gute kommen.» Als in der Stiftung Geld aus Einkommen und Vermögen geäufnet wird, wird ihm deutlich vor Augen geführt: «Diese Mittel besitze ich nicht mehr, sondern ich verwalte sie.» Einmal getätigte Einlagen können nicht zurückgezogen werden, das heisst, juristisch gesehen gehört das Geld nicht mehr dem Stifter: Der von ihm eingesetzte Stiftungsrat kann aber im Rahmen des Stiftungszweckes über die Zuwendungen bestimmen.

«Diese Mittel besitze ich nicht mehr, sondern ich verwalte sie.»

Es beginnt ein völliger mentaler Wandel vom Besitzer zum Betrauten. Jürg Opprecht beschäftigt sich intensiv mit der Vorstellung, wie Gott das wohl mit Besitztum und Reichtum gemeint haben könnte. Dabei stösst er im alttestamentlichen Buch Haggai auf eine interessante Bibelstelle, die ihn in diesem Zusammenhang anspricht: «‹Das Silber gehört mir und das Gold gehört mir›, spricht der Herr, der Allmächtige.» (Haggai 2,8) Oder auch Psalm 24, Vers 1: «Die Erde und alles, was darauf ist, gehört dem Herrn. Die Welt und die Menschen sind sein.»

«Ich habe festgestellt, dass es zwar sicher gut ist, wenn Mittel in die Stiftung eingebracht werden, aber eigentlich bin ich von meinem ganzen Vermögen nur der Verwalter. Das war ein längerer Prozess», berichtet Jürg Opprecht: «Ich wollte von dem Gefühl des Besitzens frei werden. Denn letztlich ist Besitz nicht unsere Sicherheit per se. Meine Sicherheit ist nicht mein Bankkonto, sondern Gott. Er ist der Besitzer von allem, was ich habe.» Erstaunlicherweise muss sich dann Jürg von einem befreundeten amerikanischen Pastor sagen lassen, dass er auch mit sich selber ein bisschen generöser sein dürfe. Er merkte, dass es ihm tatsächlich leichter fällt, einem Missionar 1000 Franken in die Hand zu drücken, als sich selber etwas zu kaufen. Grosszügigkeit, so ist er gewiss, sei eine biblische Tugend. Und: «Grosszügige Menschen sind glücklicher als solche, die alles für sich horten.» Bezogen auf seine Geschäftstätigkeit sagt er: «Glückliche Gesichter sind die schönste Dividende.»

Wie kommt das am Ende raus? In der Regel gut, aber manchmal bedenklich: Zwar fühlt sich Jürg Opprecht nicht ausgenützt. Die Gefahr besteht aber schon, dass er über den Tisch gezogen wird. Manchmal fragt er sich, was sich Menschen denken, die ihm einen Brief schreiben oder anrufen: «Sie wollen meist etwas von mir. Es wäre aber auch schön», meint er mit einem Augenzwinkern, «von wildfremden Leuten einmal zu hören, was sie mir zu lieb tun möchten.» Den Vogel abgeschossen hat eine Frau, die ebenfalls von Jürg Opprechts Grosszügigkeit gelesen hat: «Sie sagte zwar, dass es ihr gut gehe, fragte aber nach, ob ich ihr eine Meerkreuzfahrt bezahlen würde, weil sie sich das sonst nicht leisten könnte und es mich ja nicht so sehr schmerzen würde.»

«Du hast leicht reden.» Auch diese Stimmen hört er natürlich des Öfteren – zum Beispiel, wenn er einen Vortrag hält. Die Frage sei deshalb gestattet: Wie hätte es Jürg Opprecht, wenn er sich mit dem Betrag eines gesellschaftlich akzeptierten Mindestlohns zurechtfinden müsste? Einerseits hat er diese «Übung» schon einmal durchgespielt, als er alles aufgab, um die Leitung der Bibelschule zu übernehmen. Andererseits sagt er aus der Retrospektive: «Ein Gradmesser ist bei mir meine Krebserkrankung, die erstmals 2009 ausgebrochen ist. Wenn du dem Tod geweiht bist, macht dich das Materielle nicht glücklich.» Die schönste «Dividende» erwartet Jürg Opprecht denn auch nicht im Hier und Jetzt. Vielmehr rät er, «die Gegenwart aus der Perspektive der Ewigkeit zu betrachten». Das könne heissen, auch Nachteile in Kauf zu nehmen, belächelt, vielleicht gemieden zu werden. Trotzdem gibt er zu: «Ich bin wie viele andere auch noch sehr erdengebunden. Ich möchte das Leben noch lange geniessen.» Der gar zweimalige Ausbruch der Krankheit habe aber dazu beigetragen, das eigene Leben auf dieser Welt zu relativieren: «Beim zweiten Mal nahm ich das Ganze gelassener auf mich, weil ich alles geregelt habe. Zudem machte ich mir beim ersten Mal ein schlechtes Gewissen, als ich während der Zeit der Behandlung plötzlich scheinbar nutzlos wurde. Das zweite Mal drohte mich das schlechte Gewissen weniger zu plagen, weil ich mit 65 bereits das offizielle Pensionsalter erreicht hatte.»

«Wenn ich mit einem bescheidenen Lohn auskommen müsste, würde mir das wehtun – ja, das stimmt! Aber ich würde deshalb mein Leben, meine Einstellung, meinen Glauben nicht an den Nagel hängen. Ich müsste mich ganz einfach darauf einstellen. Ich muss auch so nicht alles haben, was ich mir leisten könnte.» Trotzdem räumt er ein, dass es ihm manchmal schwer fällt, besonders attraktiven Angeboten zu widerstehen, denn: «Ich gebe zu, ich mag schöne Autos. Aber nur, weil ich mir nicht jeden erdenklichen Luxus leiste, heisst das noch lange nicht, dass ich mit einer 20-jährigen Klapperkiste herumtuckern muss.»

Seine Kinder erleben in der ganzen Zeit die Lebenskontraste, die Jürg Opprecht so auszeichnen: Der Spagat zwischen Unternehmertum und Mäzenatentum, zwischen Glauben und Verstand, zwischen Grosszügigkeit und Knappheit. Deshalb geben Opprechts ihren Kindern in der Zeit bis zum Erwachsenwerden auch nur wenig Sackgeld: «Sie mussten lernen, das Geld einzuteilen und ein Budget zu machen.» Der sorgsame Umgang mit Geld bleibt auch ein Thema, als die Kinder ihr Leben ohne Verantwortung der Eltern führen. Selbst wenn sie einen grösseren Betrag bekommen, ist damit die Auflage verbunden, etwas Vernünftiges damit zu machen: Während sich ein Kind ein Eigenheim leistet, kauft sich ein anderes ein Mehrfamilienhaus als Renditeobjekt. Ein weiteres nimmt selber den Bau eines Mehrfamilienhauses in Angriff, um dabei «on the job» und mit Hilfe des Vaters zu lernen, wie man ein derartiges Projekt leitet, Unternehmern und Materialien auswählt, Verträge abschliesst oder den Kontakt mit Mietern pflegt.

> **Seine Kinder erleben in der ganzen Zeit die Lebenskontraste, die Jürg Opprecht so auszeichnen: Der Spagat zwischen Unternehmertum und Mäzenatentum, zwischen Glauben und Verstand, zwischen Grosszügigkeit und Knappheit.**

Dass sich die Kinder gerade für Immobilien entscheiden, kommt nicht von ungefähr: Mit der Titus Immobilien AG als Teil der Stiftung Titus setzt sich Jürg Opprecht nämlich für den Bau, Umbau und die Verwaltung von mehrfach nutzbaren Gemeinschaftszentren sowie auf die Projektierung und Erstellung von fairem Wohnplatz ein. Die Firma Titus Immobilien AG hat sich auf die Sanierung und den Unterhalt von Gemeinschafts- und Kulturliegenschaften konzentriert. Die «kulturhalle12» wird als Infrastruktur für Kongresse, Seminare und kulturelle Anlässe benutzt. Die Halle befindet sich auf dem ehemaligen Industriegelände von Von Roll in Bern. Jürg Opprecht hat es sich zum Ziel gesetzt, an diesem Ort nicht nur ein Kulturzentrum, sondern auch ein Zentrum für verschiedene christliche Gemeinden aufzubauen. An bester Lage befindet sich zudem das «Zentrum Rössli» in Kehrsatz. Zwischen Bern und dem Flughafen Belp bietet es eine Infrastruktur für Kongresse, Seminare und kulturelle Anlässe. Mit gemeinschaftsstiftenden Bauten neue Horizonte zu öffnen, liegt Jürg Opprecht auf dem Herzen. Aber er streitet auch nicht ab, dass aus der Vermietung und Vermarktung Geld zurückfliessen muss. Der Glaubensförderer Opprecht ist zugleich der Investor Opprecht: der Investor in Menschen und sinnstiftende Gebäude.

Am Anfang unterstützt die Stiftung Titus Projekte und Personen nach dem Giesskannenprinzip. Bald aber wächst die Überzeugung, dass dem Geben eine Strategie zugrunde liegen muss. So liegt heute der Schwerpunkt primär in der Armutsbekämpfung in Entwicklungsländern durch Hilfe zur Selbsthilfe, und in der Schweiz bei innovativen Projekten, die den christlichen Glauben fördern.

Mit der Stiftung Titus legt Jürg Opprecht unter anderem die finanzielle Grundlage, eine seiner grossen Visionen zu verwirklichen. Sie trägt nämlich weitgehend die administrativen Kosten der Stiftung Business Professionals Network (BPN), die sich der nachhaltigen Schaffung von Arbeitsplätzen in Entwicklungs- und Schwellenländern verschrieben hat. Damit kann sichergestellt werden, dass die Gelder von BPN-Investoren direkt in die Projekte zur Wirtschaftsförderung in den BPN-Einsatzländern fliessen. Weitere Gelder werden gemäss der Strategie nur sehr selektiv eingesetzt – zum Beispiel für Begegnungszentren, Ausbildungsstätten für Missionare und Prediger, ausgewählte Missionsprojekte, Rehabilitationsarbeit, Medienarbeit und Literaturverbreitung oder für einzelne Projekte in der Sozialarbeit. Den Fokus legt Jürg Opprecht auf innovative und einzigartige Projekte, wie zum Beispiel auf eine wirkungsvolle Strassenarbeit unter Kindern in Brasilien. Christliche Gemeinden im In- und Ausland können in ihrer Pionierphase profitieren: Während drei Jahren werden degressive Unterstützungsbeiträge gesprochen, die ein «Gemeinde-

Start-up» begünstigen. Neuartige und erfolgversprechende Vorhaben im Bereich Kunst und Musik kommen nach eingehender Prüfung ebenfalls in den Genuss eines Zuschusses. Den grossen Wurf trägt Jürg Opprecht erst im Herzen. Er weiss selber noch nicht genau, wie er aussehen wird. Die Stiftung ist ein erster Schritt. Vieles muss noch reifen.

★★★

Jürg Opprecht nimmt sich im Jahr 1996 zusammen mit der ganzen Familie ein Sabbatical im kalifornischen Aptos, in der Nähe von Santa Cruz. Jon ist mittlerweile 13-jährig, die Töchter Naomi, Noëlle und Adina elf, neun beziehungsweise sechs Jahre alt.

Ein aussergewöhnliches Unterfangen beginnt sich zu entwickeln und hat eine besondere Vorgeschichte: Jürg und Benzli lernen nämlich durch einen persönlichen Kontakt den Pastor der Foursquare Church von Aptos kennen. Er wird zu einem Freund und schlägt aus heiterem Himmel vor, dass sich die Familie Opprecht doch bei ihm in der Gemeinde beziehungsweise am Ort eine Auszeit gönnen soll.

Jürg ist vom Gedanken fasziniert, neue Horizonte zu entdecken, weiterführende Glaubenserfahrungen zu machen, neue Kulturen kennenzulernen. Er schlägt Benzli eine Zeit von drei Monaten vor, doch ihr Gegenvorschlag lautet überraschenderweise auf ein Jahr. Jürg zögert. Benzli setzt sich durch. Im Nachhinein bezeichnet er diese Zeit als «für Seele und Geist erfrischend». Die Kinder finden trotz der anfänglichen sprachlichen Barrieren schnell Freunde und werden an einer christlichen Schule gut aufgenommen. Die Einheimischen wollen alle «Best Friends» mit den Neuankömmlingen aus Europa sein. Shopping Malls, Fast Food, Disney Land, Sea World und vieles andere mehr erschliessen neue Dimensionen. Auswärts mexikanisch, chinesisch, italienisch oder koreanisch essen, ist nicht viel teurer als zu Hause kochen. Doch allmählich stellt sich die Einsicht ein, dass Mutters Kochkünste eben auch nicht zu verachten sind…

Jürg ist vom Gedanken fasziniert, neue Horizonte zu entdecken, weiterführende Glaubenserfahrungen zu machen, neue Kulturen kennenzulernen.

Jürg erinnert sich: «Für uns als Familie tat sich eine neue Welt auf! Nicht nur die endlose Auswahl von Fast Food Restaurants, auch die Weite des

Landes, Shopping rund um die Uhr, neue Bekanntschaften. Alles war ‹great›, überall ‹no problem›, ‹love you› hier, ‹love you› dort – und so weiter: So untypisch schweizerisch halt. Es war wie ein Befreiungsschlag für uns!» Natürlich geniesst die Familie auch die schönen Seiten der unweit gelegenen Grossstadt San Francisco. Spaziergänge an den Piers, Besuch von Musicals, Autofahrten über unendlich scheinende Strassen durch Niemandsland und vieles andere mehr, was zum «American Way of Live» gehört.

Doch nicht nur kulinarisch und kulturell, auch geistlich wird der Blick geweitet, erfahren Opprechts Erfrischung und lernen dazu. Völlig neu und umso erbaulicher und herausfordernder ist für sie die stark beziehungsorientierte Kirchgemeinde. In Erinnerung bleibt das Café Red Apple – ein beliebtes Frühstückslokal und Treffpunkt am Ort: Morgens treffen sich dort Männer in Zweierschaften – verbindliche Beziehungen mit zwei Männern, die sich regelmässig treffen, sich gegenseitig ermutigen und Rechenschaft ablegen, austauschen und «einander ins Leben hineinreden». Wenn man morgens um sieben Uhr ins «Red Apple» tritt, wimmelt es nur so von Leuten aus der Kirche. Das fasziniert Jürg. Die Erfahrungen in Aptos prägen auch das Ehe- und Familienleben von Opprechts nachhaltig. Gegenseitige Transparenz, Akzeptanz, Vergebung und Wertschätzung erhalten eine neue Dimension. Tatsächlich schliesst die Familie in der Kirche, der sie sich anschliesst, nachhaltige Freundschaften. Indes, so Jürg: «Wir lernten auch die oberflächliche Seite der amerikanischen Mentalität kennen.»

Die Zeit des Sabbaticals ist in den Vereinigten Staaten eine besonders bewegte: 1996 fällt in die wirtschaftliche Baisse in den USA. Das wirkt sich in diesem Land sofort auf den Immobilienmarkt aus. Jürg, der sich hierin bestens auskennt, kauft zwei Häuser, die er später mit Gewinn wieder verkaufen kann. Na ja, eigentlich wollte er ja nichts machen, aber die Katze kann das Mausen nicht lassen...

Das Land selber leidet in dieser Zeit unter hoher Arbeitslosigkeit. Eine ganz spezielle Erfahrung geht Jürg immer wieder durch den Kopf: Eines Tages klingelt es bei Opprechts. Draussen steht ein Mann und fragt, ob er für 200 Dollar unseren Asphaltbelag ausbessern könne. Er sei Physiker und habe seine Arbeitsstelle verloren, und versuche sich mit dieser Arbeit den Lebensunterhalt zu verdienen. Es hat Jürg «sehr beeindruckt, wie dieser Mann Eigenverantwortung übernommen hat».

Die Kehrseite der Medaille bekommt er aber genauso zu spüren: Viele Amerikaner lassen sich gemäss seiner Erfahrung nämlich nur schon durch positive wirtschaftliche Prognosen dazu verleiten, sich neu zu verschulden.

Um viele positive und nachdenklich stimmende Erfahrungen reicher und neu gerüstet geht's nach einem Jahr zurück in die Heimat. Nach dem Sabbatical fühlt sich Jürg beflügelt und ist bereit, zu neuen Ufern aufzubrechen. Es reizt ihn erneut, in der Wirtschaft zu investieren. Er ist ein Hans Dampf in allen Gassen. Nebst dem Verwaltungsratspräsidium in der eigenen Firma sitzt er in verschiedenen Verwaltungs- und Stiftungsräten. Der erfolgsverwöhnte Jürg, der nach dieser Zeit den Lenkerhof wie Phönix aus der Asche wieder erstehen lässt, kämpft 2002 auch mit der äusserst schmerzhaften Erfahrung des Konkurses seiner Firma im IT-Bereich. Das zunächst rasante Wachstum, dann das Platzen der IT-Blase sowie «9/11» führen zu einer unüberwindbaren Liquiditätskrise. Nach dem IT-Debakel ereilt ihn das Schicksal vieler Manager: Burnout. Er fragt sich: «Wie kann mir das passieren? Was hätte ich anders machen sollen?»

> Es reizt ihn erneut, in der Wirtschaft zu investieren. Er ist ein Hans Dampf in allen Gassen.

Der ganze Konkurs war die schlimmste Erfahrung in seinem Leben – noch schlimmer als die zweimalige Krebserkrankung in den Jahren 2009 und 2015. Es beginnt damit, als er merkt, dass er die Situation nicht mehr im Griff hat. Er ist den Umständen ausgeliefert. Er fühlt sich überfordert und ist auch überfordert. Er ist wie blockiert. Er schämt sich und ist tief betroffen, dass 115 Mitarbeitende ihre Stelle verlieren. Er muss sogar kurzzeitig Psychopharmaka konsumieren. Daneben führt er viele Gespräche – mit Benzli, mit Freunden, mit Seelsorgern, mit Gott im Gebet: «Man darf nicht alles in sich hineinfressen.» Damit kann er auch in verschiedenen Firmen einen Prozess auslösen, der hilft, sein Leben erneut zu bereinigen und die betroffenen Organisationen weiterzuentwickeln – mit oder ohne Jürg. Drei Monate quält sich Jürg durch das Tal der Perspektivenlosigkeit, und schliesslich überwindet er es. Er lernt seine Lektion: Schuster bleib bei deinem Leisten.

Die grosse Frage: «Was mache ich mit dem Rest meines Lebens?» Er bekam viele einzelne Eindrücke und Ratschläge. Ein lieber Freund sagte ihm: «Ich sehe Dich als Unternehmer und kreativ tätig. Aber ich sehe Dich nicht als Industriellen.» «Ich merkte, die Soudronic entsprach nicht meinen tiefsten Wünschen, und auch die IT-Firma war wieder in der Industrie.» Aus dieser Erkenntnis heraus wuchs die Einsicht, dass künftig zwei Begriffe sein Schaffen prägen sollen: Erstens, die Berufung. Zweitens, die Leidenschaft. «Ich machte reinen Tisch und gab alle Mandate ab, die ich nicht unter diesen beiden Begriffen einordnen konnte.» Übrig bleiben der Lenkerhof und die Stiftung Business Professionals Network BPN, einer Nonprofit-Organisation zur Wirtschaftsförderung in Entwicklungsländern, die er seit 1999 auf- und ausbaut: «Das ist für mich Berufung und Leidenschaft pur.»

Die grosse Frage: «Was mache ich mit dem Rest meines Lebens?»

Und wie sehen nun seine Berufung und seine Leidenschaft nach diesem entscheidenden Wendepunkt in seinem Leben aus?

Die Malerei hat Jürg Opprecht zeit seines Lebens begeistert. Eines der Landschaftsbilder aus seiner Teenager-Zeit ist immer noch in seinem Besitz: eine Abenddämmerung am Zürichsee. Doch nach seinem jugendlichen Mal-Exploit malt er rund 30 Jahre kein einziges Bild. Er hat einfach keine Zeit: Ausland, Familie, Unternehmen. Dann der entscheidende Auslöser: Im Burnout motiviert ihn Benzli, wieder zu malen und fordert ihn heraus. Es kann doch nicht sein, dass er – wie sein Vater – keine Hobbys pflegt. Denn Benzli und Jürg stellen sich immer wieder mal vor, wie schlimm es sein muss, wenn man pensioniert ist und keine Hobbys hat. «Fang doch wieder zu malen an», sagt Benzli kurz und bündig. «Aber ich war völlig aus der Übung gefallen. Die Freude war nicht sofort wieder da.» Am Anfang braucht es Disziplin. Es gelingt nichts. Der Durchbruch gelingt nach langjährigem Malen und Verschenken der Bilder: Jürg kommt auf die Idee, im Lenkerhof Bilder aufzuhängen. Das hat ihn motiviert: Bilder von ihm zieren nun viele Räumlichkeiten des Fünf-Sterne-Hauses und verleihen ihm die persönlich-aussergewöhnliche Ambiance, die sonst kaum ein Hotel ausstrahlt. Vielleicht kann er auch einmal noch eine weitere Idee umsetzen, die er wegen seiner Krebserkrankung auf Eis legen musste: ein Malkurs für die Gäste im Lenkerhof.

Mit gut 50 Jahren hat er sich seinen Traum vom eigenen Atelier verwirklicht. Es ist mittlerweile sein Lieblingsort. «Für mich ist wichtig, dass ich einen Platz habe zum Malen. Wen ich jedes Mal etwas wegräumen muss, verleidet es mir.» Im Atelier ist er am liebsten alleine. Aber zwischendurch geniesst er es auch einmal, wenn seine Enkel vorbeikommen und mit ihm einen halben Tag lang gemeinsam so richtig in die Pinsel greifen: «Das macht wirklich Spass.»

Jedes Bild habe eine Entwicklung durchgemacht. Auch Jürg Opprecht entwickelt sich in seinem Stil. Von eher gegenständlichen Bildern geht er immer mehr zu abstrakter Kunst über. Inspirieren lässt er sich von der Natur. Der Duktus ist grosszügig, die Techniken und Farben variieren – das macht ihm am meisten Spass. Beigebracht hat er sich das Malen selber. Neue Techniken lernt er ab und an auch einmal in einem Kurs.

> **Mit gut 50 Jahren hat er sich seinen Traum vom eigenen Atelier verwirklicht. Es ist mittlerweile sein Lieblingsort.**

Nur während der zwei Jahre seiner ersten Krebserkrankung hat er nach seinem «Mal-Comeback» nicht gemalt: «Mir fehlte einfach die Inspiration.» Vor der ersten Chemotherapie hat er sehr häufig in afrikanisch angehauchten Formen und Farben, in Brauntönen, gemalt. Seit der Chemo malt er aber viel bunter – Benzli ist das sofort aufgefallen. Er selber hat es nicht einmal gemerkt.

Oft sind es Bildserien mit ausdrucksstarken Titeln, die er schafft. Oft in Afrika unterwegs, malt er die Serie «Out of Africa». Die Serie «Neue Horizonte» zeigt impressionistische Bilder, in denen Horizonte von Jürg nachempfunden werden. «Ethic Essay» ist als Serie gezeichnet von Besuchen in Kirgistan und ist eine frei interpretierte Anlehnung an kirgisische Ornamente. Diese Bilder enthalten aber zum Teil auch Produkte von Unternehmern in Kirgistan, die von seiner Stiftung BPN gefördert werden. Die Serie «Calla Lilie» entsteht einfach, weil ihm die Pflanze so gut gefällt. Die «Joyful»-Reihe entsteht bezeichnenderweise als etwas vom Ersten nach der ersten Chemotherapie – gewissermassen eine «Dankeshymne» nach der schweren Zeit. «Golden Age» ist die Verbindung von rostigen Farbtönen und Gold – die Bilder stehen im Zusammenhang mit der Krankheit, die sich irgendwie im Rost äussert. Aber, so ist Jürg überzeugt: «Jede Krankheit hat auch ihre positiven Aspekte.» Die neuste Serie ist gleichsam einem Potpourri, dass das Leben sinnbildlich aufgreift, auch wenn er das selber gar nicht so bewusst angepackt hat: Sie heisst «Patchwork» und entsteht nach der zweiten Chemotherapie – rund sechs Jahre nach der ersten Krebserkrankung. Angefangen hat er mit kleineren Bildern, die sich gut eignen, um sie als Mitbringsel zu schenken. Später entwickelt er die Idee weiter und macht ein erstes grosses Bild mit 36 Patchworkelementen. Darauf gekommen ist er – wie könnte es anders sein –, weil ihn Benzli fragte, ob er nicht ein grosses Patchworkbild für das Esszimmer machen würde: «Plötzlich gab es viele unerwartete positive Rückmeldungen, so dass daraus eine Serie wurde.»

Was bedeutet es Jürg, den Pinsel zu schwingen? «Malen ist für mich wie für jemand anderen eine Siesta, ein Mittagsschläfchen. Ich tauche in eine andere Welt ab und kann mich dabei sehr gut erholen.» Er malt ohne Druck: «Manchmal gelingt etwas auf Anhieb, manchmal misslingt es total. Dann übermale ich das Bild später mit etwas anderem. Manchmal spüre ich, dass ein Bild nicht fertig ist – dann kann es auch ein paar Wochen an einer Wand hängen oder im Atelier stehen, bis ich die Inspiration habe, es fertig zu machen.» Besondere Freude bereitet es ihm, anderen Menschen mit seinen eigenen Bildern eine Freude zu bereiten. Ums Geld verdienen geht es ihm beim Malen gar nicht. Und doch: Wohin mit all der Kreativität, wenn auch im Lenkerhof kein Platz mehr ist? Jürg entwickelt schon eine neue Idee: Zum Beispiel könnten sich Kunststudierende einen Nebenverdienst mit gewissen Marketingaktivitäten sichern. Man darf gespannt sein.

★★★

Eine weitere Weichenstellung in Jürg Opprechts Leben sind seine Kontakte zum internationalen Missionsprojekt «AD 2000». Es verfolgt um die Jahrtausendwende das Ziel, bislang mit dem christlichen Glauben nicht erreichten Völkern die gute Nachricht von Jesus Christus zu verkünden. Einen effizienten Weg sieht die Projektleitung in der Möglichkeit, über Geschäftsbeziehungen in der Wirtschaft wertvolle Beziehungen aufzubauen. 1995 lernt Jürg auf einer von «AD 2000» organisierten Konferenz in Seoul Gunnar Olson kennen. Verschiedene Schweizer Politiker und Pastoren reisen zu diesem Grossanlass mit verschiedenen Workshops über Mission, Gemeindeentwicklung, Jugendarbeit und Armutsbekämpfung. Parlamentsabgeordnete und Wirtschaftsvertreter aus der ganzen Welt nehmen teil. Jürg ist an der Konferenz mit 5000 Teilnehmenden als Schweizer Geschäftsvertreter dabei. Der Vortrag eines pensionierten Premierministers, der bekennender Christ ist, muss im letzten Moment abgesagt werden. Gunnar Olson springt ein. Olson gilt als Visionär, um christliche Prinzipien im Wirtschaftsleben glaubwürdig umzusetzen, und ist der Gründer der Internationalen Christlichen Handelskammer (ICCC). Er hält einen Vortrag mit biblischem Bezug und dem Titel «Josef in der Grube». Jürg ist fasziniert: «Das war der erste Vortrag, der mir aus dem Herzen gesprochen hatte. Er beleuchtete das Spannungsfeld zwischen Geschäftsleuten und Pastoren in christlichen Gemeinden und brachte genau mein persönliches Problem auf den Punkt: Geschäftsleute fühlen sich missbraucht, weil sie nur gefragt sind, wenn sie Geld in die Gemeinden hineinpumpen.» Diesen Schweden muss der Schweizer Geschäftsmann unbedingt kennenlernen! Und so verbringen die beiden gleich einen ganzen Nachmittag in Seoul miteinander. Olson beginnt, Jürg zu fördern. Es reift die Idee, dass an einer weiteren Konferenz ein Workshop angeboten werde, an dem Unternehmensleiter Erfahrungen austauschen und motiviert werden, in Entwicklungs- und Schwellenländern Wirtschaftsförderung zu betreiben. Es geht darum, Partnerschaften mit der Politik anzustreben und dabei auf natürliche Weise im Geschäftsalltag christliche Werte einzubringen.

Während des Sabbaticals in Kalifornien hat Jürg viel Zeit nachzudenken und Beziehungen zu pflegen. Unverhofft ruft Gunnar an. Er will ihn treffen, weil er zu einem Meeting in Colorado Springs fährt und weil er besprechen will, wie sich Geschäftsleute an der nächsten «AD 2000»-Konferenz 1997 in Südafrika engagieren könnten. Jürg zögert am Telefon. Aber am Schluss stimmt er trotzdem zu. Er hat ja Zeit… Und er erinnert sich an einen Traum, den er gut zehn Jahre zuvor hatte: «Ich bin durch einen langen Flur gegangen, bin halb geflogen. In rasendem Tempo passierte ich verschiedene Flügeltüren, die sich – wie von Wunderhand gesteuert – öffneten. Am Schluss kam eine Türe, die ich von Hand öffnen musste. Ich öffnete sie und realisierte, dass der Weg weiter über eine Wendeltreppe hinunter zu einem Hallenbad führte. Am einen Ende des Bades nahm ich auf der linken Seite Sprungbretter wahr. Ich sprang von der Seite her ins Wasser, als niemand mehr im Becken war. Beim Kopfsprung ins Bassin gab es einen Szenenwechsel. Ich lag plötzlich auf dem Grund des Ozeans. Ich war völlig querschnittgelähmt, konnte aber ohne Hilfsmittel im Wasser atmen. Dann schwamm ein Taucher mit einer riesigen Lampe auf mich zu. Für mich war das wie das Symbol einer Rettung. Doch dann gab es schon wieder einen Szenenwechsel und ich fand mich in einem ganz hellen, therapeutischen Bad wieder. Eine Therapeutin kniete am Bassinrand und sagte: ‹Mit den Armen geht es schon ganz gut, wie geht es mit Beinen und Füssen?›»

Diesen Traum hängt Jürg nie an die grosse Glocke. Aber er bewegt ihn über all die Jahre – und er erzählt ihn ausnahmsweise beim Mittagessen mit Gunnar und anderen Geschäftsleuten in Colorado Springs. Einer der Sitzungsteilnehmer ist aber für kurze Zeit abwesend, als Jürg berichtet. Als er zurückkommt, sagt er, er habe eben auf dem Weg zur Sitzung ein aussergewöhnliches Erlebnis gehabt. Er habe den innerlichen Eindruck erhalten, dass Gott ihn beauftrage, Jürgs Füsse zu salben. Er habe sich innerlich gewehrt und versucht, dagegen zu argumentieren. Warum gerade die Füsse? Was soll das? Es folgt die scheue Anfrage... Jürg erlaubt ihm, seine Füsse zu salben. Gunnar spürt die tiefere Bedeutung und sagt: «Das ist ein Zeichen dafür, dass Du jetzt Schritte machst in deine eigentliche Berufung.» Jürg spürt tief im Herzen, dass sein Traum etwas zu tun hat mit dieser Fusssalbung. Für ihn erschliesst sich nun plötzlich auch die Aussage der «Traum-Therapeutin». Und prompt folgt völlig überraschend der erste Schritt: Jürg Opprecht wird Executive Director im Bereich Business von «AD 2000», was eigentlich gar nicht die Absicht dieser Besprechung war. Er ist damit ein Exot im Vergleich zu den anderen Verantwortlichen. Aber er spürt: Mit der Leitung des Bereichs Wirtschaft an der Konferenz 1997 in Südafrika beginnt er, in seine Berufung hineinzuwachsen. Er ist Feuer und Flamme für seinen Teil: «Ich war und bin nicht der Redner. Aber ich wollte in Absprache mit der Gesamtleitung konkret selber etwas anpacken.» Ein paar weitere derartige Konferenzen nur für Geschäftsleute folgen in Deutschland und Zypern. Jürg bleibt vor allem diese Erkenntnis: Bei Geschäftsleuten muss das Bewusstsein geweckt werden, dass nicht nur ihr Geld erwünscht, sondern ihre aktive Beteiligung erforderlich ist. Sie sollen mit geschäftlichen Aktivitäten andere ermutigen, selber unternehmerisch tätig zu werden. Dieser Konferenz entspringen verschiedene Initiativen – auch Jürg wird beflügelt. Er erinnert sich etwa noch lebhaft, wie sich ein Südafrikaner motivieren lässt und sich sogar dazu entscheidet, seine grosse Straussenfarm in Südafrika zu verkaufen und ein ähnliches Unternehmen in Ägypten aufzubauen – ein erfolgreiches Unterfangen.

Aber Erfolg heisst nicht immer, dass alles rund läuft. Das wird auch im Engagement von Jürg Opprecht und Gunnar Olson deutlich, die sich regelmässig zu treffen beginnen. Der zehn Jahre ältere Gunnar wird zu Jürgs Mentor und erwähnt immer wieder, dass die Mitglieder der ICCC in gewissem Masse eine hinkende Hüfte hätten. Damit nimmt Gunnar Bezug auf die Bibelstelle in 1. Mose 32, 23–33, wo Jakob mit einem Engel kämpft und nicht aufgibt, bevor er gesegnet wird. Jürg bleibt von diesen Gesprächen vor allem eine Quintessenz: Der Erfolg ist letztlich nicht durch die Summe von positiven Ereignissen geprägt, sondern auch von Rückschlägen und Niederlagen. Auf diesem Weg sollen Geschäftsleute zusammen mit Gott ringen, sich gegenseitig unterstützen, ermutigen und seg-

> **Aber Erfolg heisst nicht immer, dass alles rund läuft.**

nen. Genau dies erlebt Jürg in der engen Freundschaft mit Gunnar Olson, der seine Höhen und Tiefen mitprägt wie kaum ein anderer.

Beide sind fasziniert von Luis Bush's Missionsstrategie. Bush ist Gesamtleiter von «AD 2000» und will das «10/40-Fenster» der Welt mit dem christlichen Glauben erreichen – also jene Länder zwischen dem 10. und 40. Grad der Weltkugel nördlich des Äquators. Das «10/40-Fenster»-Konzept fokussiert auf die Länder in diesem Bereich der Weltkugel, die geprägt sind von grosser Armut und niedriger Lebensqualität, und wo die Menschen kaum von der christlichen Botschaft erreicht wurden. Das Fenster bildet ein Band von der Sahara und Nordafrika bis hin zum grössten Teil Asiens. Rund zwei Drittel der Weltbevölkerung lebt im «10/40-Fenster».

Andere Exponenten von «AD 2000» waren Gründer und Leiter grosser Missionsgesellschaften der Gegenwart, wie zum Beispiel George Verwer oder Bill Bright. George Verwer weckt Jürgs Begeisterung ebenso, indem er sinngemäss sagt: «Wir taten, was wir taten, um die Unerreichten zu erreichen. Aber es gibt Länder, in denen wir Menschen nur über das Business erreichen können. Nun bist du dran.» Damit war der angestrebte Multiplikationseffekt erreicht: Die Organisation «AD 2000» wird im Jahr 2000 wie beabsichtigt aufgelöst, und Jürg Opprecht will abermals etwas Neues wagen.

Der Geschäftsmann nutzt sein bisheriges Netzwerk auf dem ganzen Globus und knüpft neue Beziehungen. Bei dieser Gelegenheit lernt er auch einen Amerikaner kennen, der in Kirgisien tätig war und dort Christen miteinander vernetzte. Der Amerikaner will Arbeitskräfte in dem armen Land im Kaukasus mit einem Kurs motivieren, ein eigenes Unternehmen zu starten. Jürg wird angefragt, ob er helfen möchte, Arbeitsplätze zu schaffen: Nach dem Zerfall der ehemaligen UdSSR und der Planwirtschaft gingen in diesem ohnehin zu den ärmsten Ländern gehörenden Staat viele Jobs verloren. Jürg sah die Hoffnungslosigkeit in den Augen der Menschen und ist begeistert, zur Linderung der Not praktisch beitragen zu können. Aber packt er das auch wirklich? Ist das seine Leidenschaft und Berufung?

In der kommenden Nacht erwacht Jürg. Es läuft vor seinem inneren Auge die Bibelstelle im Matthäusevangelium, Kapitel 25, Vers 35 ab wie ein Film: «Denn ich war hungrig, und ihr habt mir zu essen gegeben. Ich war durstig, und ihr gabt mir zu trinken. Ich war ein Fremder, und ihr habt mich in euer Haus eingeladen.» «Und dann hat der Heilige Geist in meinem Herzen diese Worte deutlich gemacht und angehängt», erinnert sich Jürg: «Ich war arbeitslos, und ihr gabt mir Arbeit.» Dieses Erlebnis ist für viele Schweizer schwer greifbar, und auch für Jürg Opprecht ist es völlig neu. «Aber ich wusste ohne Zweifel, dass dies nicht irgendein Traum, sondern eine Offenbarung von Gott war. Und für mich war klar: Ich will den Unternehmergeist in diesen Leuten wecken.» Am nächsten Morgen sagt Jürg Opprecht von Herzen: «I'm going to help you.» (Ich werde euch helfen.) Dabei will er keine leeren Versprechen machen, nimmt Gott beim Wort und trifft mit Gott zwei innere Abmachungen: «Ich ziehe das durch, ob mir jemand hilft oder nicht.» Das war wichtig, denn alle fanden die Idee hervorragend, aber niemand wollte mitfinanzieren. Die zweite Übereinkunft mit Gott ist noch gewagter: «Ich wollte in dieser absolut ungemütlichen Situation als Beweis der Richtigkeit meines Entscheids ein klares ‹Wunder von oben›. Ich stellte den Antrag an die Schweizer Direktion für Entwicklung und Zusammenarbeit (Deza).» Das Zeichen kommt auf der Stelle: Das Deza sichert als erste Organisation seine Unterstützung des Projekts zu. Die Geburtsstunde dieser grossen Lebensaufgabe von Jürg Opprecht hat geschlagen. Im Zuge dieser Erlebnisse reift in ihm die Überzeugung, noch viel praktischer in das Leben und die Unternehmen von Geschäftsleuten hineinwirken und positive Veränderungen auslösen zu können. Das ist die eigentliche Inspiration für seine Stiftung Business Professionals Network (BPN).

Dass Jürg Opprechts Herz für arme Menschen in heruntergekommenen Ländern schlägt, reicht aber noch viel weiter zurück. 1969 macht der damals 19-jährige lernende Maschinenschlosser eine prägende Erfahrung in Rumänien – noch zu den Zeiten des Diktators Ceaușescu, fünf Jahre nach dessen Machtergreifung. Während der Diktator in Saus und Braus lebt, fristen die Menschen ein unsäglich armes hoffnungsloses Dasein. Drei Schweizer und zwei Ungarn, die Rumänien gut kennen, schmuggeln deshalb immer wieder Lebensmittel, Singbüchlein und Bibeln. Jürg Opprecht geht einmal mit. Mit einem Kombi, vollbepackt mit Gütern kommen sie an die Grenze. Sie sind weit und breit die Einzigen. Drei bis vier Stunden – Jürg erinnert sich nicht mehr genau, aber es war für ihn wie eine halbe Ewigkeit – werden sie akribisch durchsucht, die vermuteten Bibeln aber finden die Grenzwächter nicht. Das Ziel rückt in greifbare Nähe: Ein Untergrundpastor kann damit ermutigt werden – nicht nur mit Bibeln, sondern auch mit anderem Schmuggelgut. Gefragt ist bei der Bevölkerung vor allem Speiseöl. Es ist aber nur erlaubt, einen Liter davon über die Grenze zu bringen: «Wir haben deshalb das Öl in

Apfelsaftflaschen abgefüllt, was nicht bemerkt wurde.» Zwei Erinnerungen bleiben Jürg fürs Leben: Mit dem Schmuggelgut ist er unter anderem bei einer Familie mit zehn Kindern zu Gast. Der Wohnraum hatte die Grösse von zwei Einzelgaragen, war kaum beheizt, die Mutter hatte ein Krebsgeschwür im Gesicht, der Vater war völlig überfordert. «Sie waren so dankbar für die Lebensmittel, die Bibeln und das Geld. Ich konnte ob diesem Elend im Auto nur noch heulen.» Auch die drei Schwestern, die er besucht, sind in seinem Gedächtnis eingeprägt: Sie haben seit drei Wochen kaum mehr etwas gegessen, der Lebensmut hat sie verlassen, die Polizei, die sie verfolgt, muss mit Zigaretten besänftigt werden.

Auch in Albanien sieht sich Opprecht 1990 – im Jahr, als das kommunistische Regime gestürzt wurde – auf einer Reise unsagbarem Elend gegenüber: «Dank des Kontakts unserer Gruppe aus der Bibelschule Walzenhausen zu einem Parlamentarier erhielten wir Einblick wie kaum jemand sonst.» Zweimal im Sommer reisten Teams aus Walzenhausen nach Albanien. Untergebracht waren die Bibelschüler immer bei albanischen Familien. Ein Grieche in der Reisegruppe, der die Verhältnisse in Albanien gut kannte, umschrieb das im Chaos versunkene Land mit diesen bedenklichen Worten: «Einem Albaner ist ein Stück Brot wichtiger als ein Menschenleben.» Jürg: «Wir waren uns deshalb des Risikos bewusst.» Der Parlamentarier nahm die jungen Menschen mit auf eine Erkundungsreise. «Unterwegs wurde der Bus mehrmals mit Steinen beworfen», erinnert sich Opprecht. «Wir trafen uns auch mit dem Bildungsminister. Ein erbärmlicher Anblick! Ein fensterloses Büro, ein staubiger Stuhl, ein behelfsmässiger Tisch. Und ein armselig gekleideter Minister. Ich konnte nur fragen, wie man helfen könne.» Die Antwort kam ebenso rasch wie einleuchtend: «Any help is helpful.» (Jede erdenkliche Hilfe ist hilfreich.) Mit dem Minister besuchte die Gruppe ausserhalb der Hauptstadt eine Ausbildungsstätte für Lernende: «Sofern man diesem furchtbaren, rechteckigen Klotz überhaupt so sagen konnte. Einige Räume waren mit selber gezimmerten Bänken und einer Wandtafel ausgestattet. Es sollten Näherinnen, Mechaniker und Kunsthandwerker ausgebildet werden. Aber was tatsächlich stattfand, war eine unwirkliche Wirklichkeit: Die jungen Menschen wurden ausgebildet, indem zum Beispiel Nägel mit der Kreide an die Wandtafel gezeichnet wurden. Richtige Nägel, um praktisch zuzupacken, waren aber weit und breit nirgends vorhanden.» Im Sommer darauf macht Jürg deshalb Nägel mit Köpfen: Er bringt nach Rücksprache mit dem Schulleiter Nähmaschinen, Schweissgeräte, Hammer und andere Werkzeuge. Zuvor visiert er das Team vor Ort an, die Fensteröffnungen wenigstens behelfsmässig mit Gittern zu versehen, um das Arbeitsmaterial vor Einbruch zu schützen. Jürg Opprecht übernachtet bei einer muslimischen Familie, zu der er noch lange Kontakt hat. Mit ihr teilt er das Leben und seinen Glauben. Für die Familie ist die Entschädigung für die Unterbringung von zehn Franken pro Woche ein «Riesengeld». Was Jürg Opprecht besonders freut: Daraus sind nicht nur Arbeitsplätze entstanden, auch eine christliche Gemeinde wurde aufgebaut und die Menschen können neue Hoffnung schöpfen. Aber der noch junge Entwicklungshelfer ist sich bewusst: «Wenn etwas aufgebaut worden ist, musst du jedes halbe Jahr wieder hingehen, um zu überprüfen, ob die Dinge noch ihren richtigen Lauf nehmen.» Jedenfalls hat es sich schnell herumgesprochen, dass an diesem Ort ein Aufbruch geschieht: Zur Einweihung einer Schule in Durrës kam 1992 sogar der damalige albanische Präsident Sali Berisha.

«Diese Erfahrungen haben in mir den Eindruck geweckt, dass ich Verantwortung habe, etwas zu bewegen. Man kann nicht ein solches Elend sehen und dann in der Schweiz in Saus und Braus leben.» Nicht jeder habe den gleichen Auftrag, indes: «Jungen Menschen rate ich, einmal im Leben einen solchen Einsatz zu machen. Das verändert den Blickwinkel und hilft, sein Leben selber aus einem neuen Aspekt heraus zu betrachten.»

Lessons learned

Entscheide dich. Gehe Deinen Weg. Lass Dich von Freunden und Fachleuten begleiten und beraten, aber ziehe Dein Ding durch und höre dabei auf Gottes Stimme in Deinem Herzen.

«Neue Horizonte tun sich auf. Noch etwas chaotisch – aber der goldene Faden weist den Weg nach vorn.»

«Der neue Horizont wird zur Realität.»

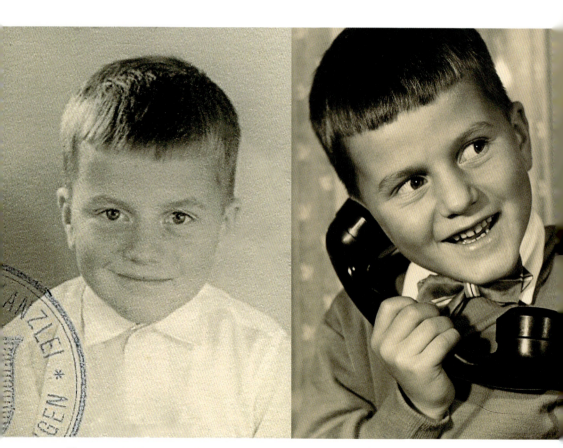

Elegant und selbstbewusst: Jürg Opprecht mit vier, sechs und 13 Jahren (v.l.n.r.).

Jürg und Benzli Opprecht geniessen das Familienleben mit ihren Kindern – ob am Meer oder mit der gehörigen Portion «Opprecht-Humor» im Western Style.

Starkes Team: Benzli und Jürg Opprecht haben alle Herausforderungen gemeistert. Davon gibt es einige.

Die fast komplette Familie Opprecht auf einen Blick: Tochter Adina mit Ehemann Nic, Tochter Naomi, Benzli und Jürg Opprecht, Tochter Noëlle, Sohn Jon mit Sarah und ihrem Jack (v.l.n.r.).

Mann von Welt: Jürg Opprecht in einem kirgisischen Gewand – ein Geschenk des Premierministers. In Kirgisien baut er den ersten Ableger seiner Stiftung Business Professionals Network auf.

Neues Leben: In Kehrsatz lässt Jürg Opprecht das Zentrum «Rössli» (oben) aufblühen. Das Industrieareal an der Fabrikstrasse in Bern (links) macht er für christliche Gemeinden nutzbar. Sein grösstes Projekt ist das ehemalige Kurhotel Lenkerhof (unten), das er mit viel Herzblut praktisch von Null an die Spitze der Schweizer Hotellandschaft führt. Auch wenn nicht immer alles auf Anhieb funktioniert: Für Immobilien scheint Jürg Opprecht ein Händchen zu haben – oder jemanden, der ihn die richtigen Entscheide treffen lässt.

Vorbestimmt: Vater Paul (Bild links, Mitte) sieht in Jürg Opprecht (ganz links) seinen logischen Nachfolger im Familienbetrieb, der auf das Schweissen von Dosen spezialisiert ist (Bild rechts zeigt eine Benzintankschweissmaschine). Jürg selber fühlt sich zunächst eher von der kreativen Ader der kunstinteressierten Mutter Annemarie beflügelt.

4. Menschenfreund, Entwicklungshelfer und Wirtschaftsförderer in einem

> **Jürgs Herz und sein Verstand**
>
> *Verstand:* *Jürg, bist du dir bewusst, auf was du dich einlässt?*
> *Jürgs Herz:* *Ich weiss, das ist ein Riesending!*
> *Verstand:* *Das absorbiert Zeit und finanzielle Ressourcen.*
> *Jürgs Herz:* *Klar. Aber es ist ein Auftrag von höchster Ebene!*
> *Verstand:* *Und du bist sicher, dass das nicht einfach ein Bauchgefühl oder eine verrückte Idee ist, in die du vernarrt bist?*
> *Jürgs Herz:* *Nein, nicht nur ... das ist Gott; und wenn er etwas bestellt, dann bezahlt er auch dafür.*

Die Vision wird Realität. Der grosse Wurf nimmt Gestalt an. Die Grundsatzentscheidung, die Jürg Opprecht trifft und über Jahre heranreifte, ist die Geburtsstunde der Stiftung Business Professionals Network (BPN). Er entwickelt seinen Traum, Unternehmer in Entwicklungsländern zu unterstützen, weiter. Dabei kommt ihm auch das Sprichwort von Konfuzius in den Sinn, dem chinesischen Philosophen, der rund 500 Jahre vor Christus gelebt hatte: «Gib einem Mann einen Fisch, und du ernährst ihn für einen Tag. Lehre ihn fischen, und du ernährst seine Familie für ein ganzes Leben.» So jedenfalls steht das Sprichwort in leicht abgeänderter Form des ursprünglichen Wortlauts in der BPN-Dokumentation. Und Jürg Opprecht ergänzt: «Unterstütze ihn im Aufbau eines Fischerei-Betriebs, und du ernährst seine Mitarbeiter und deren Familien.»

Diese drei «Fischer-Merksätze» bringen die Philosophie der Stiftung BPN in geraffter Form auf den Punkt: Sie fördert den Aufbau von kleinen und mittleren Unternehmen in Entwicklungsländern. Menschen sollen Hoffnung schöpfen. Ganzen Gesellschaften sollen dadurch neue Perspektiven eröffnet werden.

Um den grossen Traum Realität werden zu lassen, lässt sich Jürg zusammen mit einem Team von 25 interessierten Personen aus Kirgisien,

Amerika und der Schweiz bei einem ähnlichen Projekt in Rumänien inspirieren. Er versteht es, Fachkräfte aus verschiedenen Ländern und Branchen mit ins Boot zu holen. Er entwickelt das BPN-Konzept und fügt bei, dass er und seine Mitarbeitenden bei der Gründung noch wesentlich unkomplizierter hätten vorgehen können, als es Jahre später erforderlich wurde.

Jürg Opprecht sagt von sich selber, dass sich sein Leben mit der Geburt seines «Kindes» BPN verändert habe. Jene folgenschwere Einladung ins kirgisische Bischkek, wo er einen Workshop zum Thema «Wie starte ich mein eigenes Unternehmen» leitet, entzündet in ihm das Feuer. Mit viel Idealismus ist er seither mit seinem Team den Grundsätzen treu geblieben, auch wenn sich die Methoden oder Umstände zum Teil geändert haben. Als Vorbilder hat Jürg Opprecht Frauen und Männer in der Geschichte gesucht, die uneigennützig Miss- und Notstände verändert haben. Es beeindruckt ihn, wie beispielsweise Henry Dunant das Rote Kreuz gründet, wie Mutter Teresa in Indien den Dienst an Armen und Kranken aufbaut, wie der frühere US-Präsident Abraham Lincoln zur Abschaffung der Sklaverei beiträgt, wie Martin Luther King in Amerika gegen Rassismus kämpft oder wie Nelson Mandela den Apartheid-Übergangsprozess in Südafrika vorbereitet. «Obwohl ich im Vergleich zu diesen Menschen nur ein kleiner Fisch bin, verbindet mich eines mit ihnen: der unbedingte Wunsch, die Vision in die Tat umzusetzen, etwas Positives zum Wohl der Menschen beizutragen – in einer Welt, in der das Negative an der Tagesordnung ist.»

Das nachhaltige BPN-Programm umfasst vier wirksame Säulen, von denen die unterstützten Unternehmen unmittelbar profitieren: Coaching, Ausbildung, Kredite und Netzwerk. Lokale Unternehmer werden von BPN-Mitarbeitenden individuell gecoacht. Das Verantwortungsbewusstsein wird gefördert, im Zentrum stehen Effizienz und Erfolgsorientierung. Oft fehlt grundsätzliches Wissen über betriebswirtschaftliche Zusammenhänge: Unternehmer werden deshalb in Marketing, Finanzen, Personalführung und weiteren Bereichen praxisnah ausgebildet. Wo nötig, erhalten die Unternehmer Kredite zu fairen Konditionen für den Kauf von Produktionsmaschinen. Durch nachhaltige Expansion gelingt es ihnen, weitere Arbeitsplätze zu schaffen. Die von BPN unterstützten Unternehmer organisieren sich in ihrem Land in einem Unternehmerverein. In diesem Netzwerk stehen der Erfahrungsaustausch, die Ausbildung und das politische Lobbying im Zentrum.

BPN orientiert sich an christlichen Grundwerten wie Eigenverantwortung, Einsatzbereitschaft, Ehrlichkeit, Zuverlässigkeit, Fleiss, Transparenz, Integrität und dem verantwortungsvollem Umgang mit Ressourcen. Jürg Opprecht sieht in christlichen Grundwerten das Erfolgsrezept der modernen sozialen Marktwirtschaft. Seine persönliche Überzeugung motiviert ihn. Aber weder er noch seine Mitarbeitenden verstehen sich als Missionare der Christenheit. Vielmehr sehen sie sich als Multiplikatoren und Förderer, die Professionalität auf einer gesunden Wertebasis ermöglichen – eine Grundlage, die in sich entwickelnden Ländern fehlt.

Die unterstützten Unternehmen sollen Arbeitsplätze schaffen sowie gesund, profitabel und nachhaltig wachsen. Die Unternehmer werden ermutigt, den Erfolg nicht für sich alleine zu beanspruchen, sondern grosszügig zu sein. Das ist das Geheimnis für Multiplikation und immer weitergehende Hilfe. Die Gründerfamilie Opprecht selbst lebt Grosszügigkeit vor. Sie deckt mit ihrer Stiftung mehrheitlich die administrativen Kosten von BPN in der Schweiz: Alle Beiträge für die sogenannten Patenschaften fliessen direkt in die unterstützten Länder. Eine Patenschaft dauert vier Jahre und besteht aus einem Stipendium und einem Darlehen für Investitionen.

Oft sind die Menschen in Entwicklungsländern selbst für einfach herstellbare Produkte auf teure Importe angewiesen, obwohl die Rohstoffe im eigenen Land vorhanden wären. BPN fokussiert sich deshalb auf Produktionsbetriebe und fördert damit die Binnenwirtschaft. Das unternehmerische Potenzial wird unabhängig von ethnischem, politischem oder religiösem Hintergrund gefördert, und der Know-how-Transfer an die nächste Generation wird sichergestellt. Opprecht sieht sich biblisch motiviert, denn die Bibel fordere dazu heraus, gegenüber jedermann Gutes zu tun, wobei der Solidarität unter Christen auf der ganzen Welt besonderes Augenmerk beigemessen werden müsse.

BPN will pro Jahr und Einsatzgebiet rund 20 bis 25 Unternehmer ins Förderprogramm aufnehmen. In der Regel verdoppeln sie bereits während der Programmteilnahme ihre Mitarbeiterzahl. Diese Hilfe zur Selbsthilfe ermöglicht mehreren tausend Menschen eine nachhaltige und stabile Lebensgrundlage.

Ein Unternehmer, der am Förderprogramm von BPN teilnehmen will, wird sorgfältig ausgewählt. Das BPN-Team vor Ort prüft die schriftliche Bewerbung und führt persönliche Gespräche in der Firma. Der ganze

Ablauf garantiert Qualität, Integrität und eine verlässliche Grundlage der Zusammenarbeit.

Ohne Jürg Opprecht gäbe es BPN nicht. Aber es gäbe die Stiftung zur Wirtschaftsförderung in Entwicklungsländern auch nicht, hätte der Visionär und Geldgeber nicht viele versierte Mitarbeitende, die seine Idee konsequent umsetzen. In der Schweiz am Hauptsitz sind es gegen zehn Teilzeitbeschäftigte; der Verwaltungsapparat wird bewusst klein gehalten, damit die Gelder möglichst direkt und effizient eingesetzt werden können. In den fünf «BPN-Ländern» Kirgisien, Nicaragua, Ruanda, Mongolei und Georgien arbeiten über 30 Einheimische, meist Vollzeitbeschäftigte.

Dem Grundsatz, dass in einem Land für BPN nach dem Programmaufbau hauptsächlich Einheimische tätig sind, will Jürg Opprecht möglichst treu bleiben. Es sei hingegen eine grosse Herausforderung, nur mit Einheimischen zusammenzuarbeiten, die erstmals mit einer westlich geprägten Institution in Kontakt kommen. Nicht ohne Stolz erwähnt der Kosmopolit die zwei bisherigen Ausnahmen bei der Programmleitung: In Kirgisien und Nicaragua haben nämlich die Schweizer Aufbauverantwortlichen Einheimische geheiratet, so dass sie die Leitung behalten haben: «Das bewährt sich, denn diese Leiter kennen beide Kulturen. Das ist ein Vorteil.»

Der Aufbau beginnt mit der Gründung von BPN Schweiz 1998. Ein Jahr später folgt die Gründung der ersten Nichtregierungsorganisation im ersten Einsatzland Kirgisien, BPN Central Asia: «Es war nötig eine solche Organisation zu bilden, damit wir Kredite vergeben konnten.» Den Start macht BPN mit dem ersten lokalen Landesvertreter, der selbst von der Vision getrieben wird, andere Unternehmer zu schulen und gleichzeitig eine Druckerei aufzubauen: «Er hat uns seinen bescheidenen, unbeheizten Raum mit einer museumsreifen Druckmaschine gezeigt, womit er noch keine grossen Einnahmen generieren konnte. Ich war begeistert, ihn als Business Partner beim Aufbau seines Unternehmens zu unterstützen, und er wurde unser erster Landesleiter.» Jürg räumt ein: «Es ging gut, aber es war hoch riskant. Ich ging mit viel Enthusiasmus und blauäugig ans Werk.» Er kenne aber viele Geschäftsleute, die in einem Entwicklungsland Projekte unterstützten, Geld investierten und schwer enttäuscht wurden. Die Druckerei des Landesleiters in Kirgisien indes ist eine Erfolgsstory, und die Zusammenarbeit mit ihm stellt sich als äusserst fruchtbar heraus. Sie ist heute eine der grössten Druckereien im Land mit eigener Grafikabteilung und einer Buchbinderei. Das Geschäft läuft so gut, dass sich der Geschäftsmann voll auf seine Firma konzentrieren muss. Damit ergibt sich die Chance, mit einer neuen Leiterin neue Schritte zu wagen: «Sie hat das eigentlich auch ganz gut gemacht», sagt Opprecht. Aber dann heiratet sie den damaligen Premierminister. Das sei nicht eigentlich schlecht gewesen, habe aber zu einem weiteren Wechsel in der Landesleitung geführt. Ausserdem legt sie sich später als BPN-Unternehmerin ins Zeug und baut eine Klinik auf, obwohl sie selber nicht Ärztin ist. Ein langjähriger Landesleiter in Kirgisien ist einer der Projektleiter, die im Einsatzland «hängengeblieben» sind: Er ist mit einer Kirgisin verheiratet und kann bis dato insgesamt eine Summe von über 12 000 geschaffenen Arbeitsplätzen oder 6000 Seminarteilnehmenden überblicken, was mit Krediten von rund acht Millionen Schweizer Franken ermöglicht wird.

«Mit rund einem Dutzend Unternehmen ist BPN in Kirgisien mit grossem Enthusiasmus, etwa gleich viel Naivität, wenig Erfahrung, jedoch hoch motiviert gestartet», sagt Hans Wilhelm, Chief Operating Officer, der die Gesamtverantwortung über alle Länderprojekte wahrnimmt und die Länderleitungen intensiv begleitet. Vieles habe sich seither verändert: «Aus dem Pilotprojekt ist ein nachhaltiges Programm geworden, in welchem in Kirgisien weit über 500 teilnehmende Unternehmerinnen und Unternehmer registriert sind.» Gewachsen seien die Erfahrungen und die Professionalität. Strukturen, Prozesse und Abläufe hätten sich etabliert. Dies habe sich auch beim Aufbau von BPN in anderen Ländern als nützlich erwiesen.

Es gilt indes einige interne und externe Hürden zu nehmen, bis das dritte Projekt 2006 in Nicaragua lanciert werden kann. Die Herausforderungen sind gross, deshalb reizen sie umso mehr: Nicaragua hat mit Abstand die schlechteste Arbeitsproduktivität in ganz Zentralamerika. Opprecht fühlt sich deshalb umso mehr verpflichtet, die Wertschöpfung durch die Verarbeitung der vielen landeseigenen Rohstoffe zu steigern. Das BPN-Team vermittelt Know-how, um beispielsweise Kaffee, Fleisch oder Gold zu veredeln und ein Unternehmen langfristig erfolgreich zu positionieren. Seit Programmstart wurden weit über 2000 Arbeitsplätze geschaffen und über 2000 Teilnehmende an Seminaren verzeichnet, wobei sich die bewilligte Kreditsumme auf gut 1,6 Millionen Franken beläuft. Indes: Auch vor Korruption und schrägen Touren bleibt BPN nicht gefeit. Selbst vor konkurrierenden Parallelorganisationen, die BPN auszuhöhlen versuchen, bleibt die Stiftung nicht verschont. Es ist ein ständiger Kampf, den es sich zu kämpfen lohnt, ist Jürg Opprecht überzeugt.

Als Glücksfall bezeichnet Jürg Opprecht auch die erste Landesleiterin in Ruanda, die in der Schweiz doktoriert hat und in der IT-Branche als Projektleiterin tätig war. Sie führt BPN Ruanda zusammen mit einem Team von fünf Mitarbeitenden, die Verantwortung tragen für Planung, Selektion, Kreditwesen, Schulung und Coaching. Die Entwicklung ist erfreulich, was nicht selbstverständlich ist in dieser «auferstandenen Gesellschaft», gut 20 Jahre nach dem schrecklichen Völkermord 1994. Sie stellt fest, dass die ruandische Regierung seit dem BPN-Programmstart im Jahr 2011 vermehrt versucht, ausländische Investoren ins Land zu holen: «Die Geschäftslandschaft in Ruanda verändert sich rasant. Somit verändert sich auch die Konkurrenz für die einheimischen Unternehmen. Gleichzeitig steigen die Qualitäts-, Leistungs- und Flexibilitätsansprüche der Kundschaft. Unternehmen, die dieser Entwicklung nicht gerecht werden, haben es in Zukunft schwer.» Zusammen mit dem ganzen Team will sie deshalb sicherstellen, dass das BPN-Programm eine Chance bietet, dass sich Unternehmerinnen und Unternehmer weiterentwickeln und professionalisieren können. Dazu gehört die Gründung eines Unternehmervereins in Ruanda, der dazu beiträgt, starkes Unternehmertum und den Erfahrungsaustausch zu fördern. In diesem Umfeld wird das Ausbildungs- und Coachingangebot weiter ausgebaut.

In der Mongolei wird das BPN-Programm 2012 gestartet. Es steht im Zeichen von mehreren Jahren mit zweistelligen Zuwachsraten in der mongolischen Wirtschaft, wobei das Niveau extrem tief ist und das Land nach dem Boom im Jahr 2014 eine Krise zu verdauen hat. Immerhin können in den ersten Jahren über 1200 Arbeitsplätze geschaffen und gegen 900 Personen in den Seminaren gefördert werden. Das Kreditvolumen beläuft sich auf noch bescheidenen gut 200 000 Schweizer Franken. Der Projektleiter in der Mongolei setzt seine Hoffnungen in diverse Schweizer Investoren, die sich vor Ort ein Bild machen konnten und rechnet, die Zahl der geschaffenen Arbeitsplätze nochmals bedeutend zu erhöhen.

Die Frage sei erlaubt: Wie steht es eigentlich um Beziehungen zur Regierung in solchen Ländern? Der direkte Draht zum Premierminister von Kirgisien sei sicherlich sehr wertvoll gewesen, sagt Jürg Opprecht. Indes: Wenn sich nicht eine Diktatur etabliert hat, wechselten in solchen Ländern die Regierungen so häufig, dass es schwierig sei, konstante Beziehungen aufzubauen. Auch dieser Premier ist nur gerade zwei Jahre im Amt. Auf der anderen Seite hat Jürg Opprecht die Erfahrung gemacht, dass man in den höchsten Chargen sehr schnell offene Türen vorfinde, wenn man sich für die wirtschaftliche Entwicklung einsetzt: «Meistens können wir den Vizeminister für Industrie regelmässig treffen, da die grundsätzliche Unterstützung für die Regierungen wertvoll ist.» Wenn es im Auf- und Ausbau eines Programms einmal nicht wie gewünscht läuft, «wechselt der Wind meistens, wenn wir sagen, dass wir den Premier kennen», schmunzelt Jürg.

Also riecht das nach Korruption? «Das ist so eine Sache», bestätigt Jürg, betont jedoch, dass es in der Regel relativ gut laufe. In Kirgisien wurde Hans Wilhelm, BPN-Mann der ersten Stunde, an einen runden Tisch eingeladen, um Reformen für die Gründung und Förderung von Klein- und Mittelunternehmen voranzutreiben: Er bekam sogar einen Diplomatenpass als persönlicher Berater des Premierministers. Seither sei es gang und gäbe, dass die Behörden Mitarbeitende aus dem Umfeld von Politik und Verwaltung in Schulungen von BPN schicken, wo sie sich mit Zeitmanagement und Führungsprinzipien auseinandersetzen.

In Ruanda treffen Jürg, Benzli und Tochter Naomi ebenfalls den Präsidenten. Zur ruandischen Botschafterin in der Schweiz bauen Jürg und Benzli eine freundschaftliche Beziehung auf, was ihm bestätigt: «Wenn du KMU förderst, dann bist du an vielen Orten sehr willkommen.» Erstaunlicherweise sei er aber nie in die Versuchung geraten, in wirklich korrupte Geschäfte verwickelt zu werden: «Wir sind mit BPN sehr konsequent. Unsere Unternehmer in den Ländern sind tagtäglich mit Situationen konfrontiert, in denen es um kleinere Schmiergelder geht.» Jürg betont indes, dass er gewisse Forderungen voll und ganz nachvollziehen könne und dass lokale Sitten manchmal nicht zu umgehen seien, auch wenn sie im westlichen Verständnis inakzeptabel seien. Er nennt drei Beispiele: «Einer unserer Unternehmer wollte eine Maschine aufstellen und musste deshalb das Firmengebäude erweitern. Er stand vor der Wahl: Zahlte er dem Beamten zehn Dollar, bekam er die Bewilligung in drei Wochen. Ansonsten hätte er sechs Monate bis zum Umbau warten müssen. Er fragte, was er tun soll.» Selbst für Jürg ein Dilemma. Seine Antwort lautete eher ausweichend: «Die Treue beginnt im Kleinen, aber letztlich musst Du die Verantwortung für Deinen Entscheid tragen.» Was will Jürg damit sagen? «Die Unternehmer sind mündige Menschen und müssen für ihre eigenen Entscheide gerade stehen. Solche Sachen sind dort gang und gäbe. Sie müssen damit umzugehen lernen. Es hilft nichts, wenn ich ihnen die Entscheidungen abnehme.» Indes: Jürg weiss, dass es manchmal einfacher ist zu zahlen – «aber man könnte auch Gott bitten, dass er trotzdem und ohne Bestechung zum Durchbruch verhilft.»

Jürg berichtet beispielsweise, dass für das «Trinkgeld» zugunsten der Zollbeamten in Kirgisien gleich schon offiziell ein Feld auf dem Zollformular eingedruckt ist: «Ich erinnere mich an jenen kirgisischen Polizisten, der übrigens nur 50 Dollar im Monat verdient und damit seinen Lebensunterhalt kaum bestreiten kann. Er war ob meiner Reaktion nicht schlecht erstaunt: Als ich ein Rotlicht überfuhr, gab er mir die Wahl zwischen einer Busse von einem Dollar ohne Quittung oder einer Busse von zwei Dollar mit Quittung. Ich wählte zu seinem Erstaunen zwei Dollar mit Quittung und gab ihm fünf Dollar ausdrücklich für seine Familie.» Die Umstände seien zum Teil wirklich desolat. Wichtig sei in solchen Situationen einfach immer, dass man selber keine zögernde Haltung an den Tag legt, sondern bestimmt und kurzentschlossen handle.

Solche Reminiszenzen gehören zum Alltag von BPN-Leuten in den Einsatzländern. Letztlich haben sie alle eine Devise im Fokus: BPN ist auf Wachstum ausgelegt und fördert Unternehmergeist sowie Fairness. Deshalb wird beim Aufbau von BPN Central Asia schon an die Multiplikation in andere zentralasiatische Länder gedacht. Die Erfahrung lehrt die Stiftung, dass neue BPN-Länder eine eigene Nichtregierungsorganisation benötigen, die im Land selber verankert und akzeptiert ist. Dazu geführt hat die Einschätzung, dass man aufgrund dieser konfliktgefährdeten Gegend das Risiko verteilen muss. Diese Parallelstruktur braucht zwar am Anfang mehr Aufwand, lohne sich jedoch auf jeden Fall, ist Jürg Opprecht überzeugt.

Dass es sich lohnt, zeigen einzelne Unternehmer-Beispiele in den BPN-Ländern. In Kirgisien etwa zeugt ein Bauunternehmer davon, der sich selbstständig gemacht hat, weil sein Lohn beim staatlichen Wohnungsbauamt nicht ausreiche, um seine Familie zu ernähren. Sein ältester Sohn ist noch in der Ausbildung, arbeitet aber bereits im väterlichen Geschäft mit. In der Mongolei hat ein junger Mann mit viel Engagement und nur einer Grundschulausbildung eine Lebensmittelproduktion aufgezogen, bei der ihm seine Frau und Lebensmitteltechnologin eine wichtige Stütze ist. Eine Jungunternehmerin hat sich in Nicaragua für den Aufbau einer Kaffeerösterei mit Kaffeebar entschieden und verfolgt entschieden ihre Vision, den ersten «Drive-in Coffee Shop» im Land zu eröffnen. Die Liste liesse sich beliebig fortführen.

Nicht in jedem Fall ist aber der Aufbau eines BPN-Landes erfolgreich. Die Arbeit im nordafrikanischen Land Benin beispielsweise ist zwar vielversprechend angelaufen. Jürg Opprecht hat Kontakt zu einem Berater des Präsidenten. Dieser Berater und Freund der Familie bedrängt Jürg förmlich, dass BPN auch in Benin tätig wird. Er vermittelt denn auch einen Landesleiter, der das Ganze mit Enthusiasmus anpackt. Mehrmals trifft Jürg den dortigen Präsidenten. Aber die Herausforderungen sind immens, denn in diesem westafrikanischen Land ist die Ausbildung der Handwerker niemals so gut wie etwa in Kirgisien. In Kirgisien, so Jürg Opprecht, «war es einfach schwierig, nach dem Zusammenbruch der sowjetischen Planwirtschaft einen Job zu finden. In Benin hingegen ist der Ausbildungsstandard schlicht zu tief, um erfolgreiche Unternehmer zu fördern.» Leider wird deshalb in Benin das Ziel der Rückzahlungsquote von Krediten nach fünf bis sechs Jahren nicht erreicht: «Wir haben uns deshalb für einen geordneten Ausstieg entschieden und während drei bis vier Jahren das Geschäft heruntergefahren. Der Landesleiter führt nun das Programm auf eigene Verantwortung und unter anderem Namen weiter.» Zu ihm pflegt Jürg aber nach wie vor einen guten Kontakt.

Was aber halten BPN-Mitarbeitende von ihrem Chef? Welche Rolle nimmt er im Unternehmen ein? Einig sind sich alle: Er ist Visionär und Ermöglicher, Unternehmer und Förderer. Er geht Wagnisse ein, wenn er etwas auf dem Herz hat, nimmt Unannehmlichkeiten in Kauf. In diesem Sinne ist er Unternehmer und sicher nicht Unterlasser. Immer wieder, so hört man unisono in seinem Umfeld, schiesst eine Idee nach der anderen aus dem Boden, aber viele Einfälle davon bringt er selber nicht «ab Boden». Weniger wäre – in den Augen von Weggefährten – manchmal mehr. Erfindergeist ist gut und recht, aber die Knochenarbeit müssen andere machen. Er hat gute Gedankenblitze, die entsprechend manchmal sprichwörtlich etwas in der Luft hängen. Er versteht es jedoch, Menschen mit auf den Weg zu nehmen, sie für eine Sache zu begeistern, ihnen Freiraum in der Umsetzung zu lassen. Sie können ihn optimal ergänzen, sauber planen und strukturiert vorgehen. Das ist umso wichtiger, als sich Jürg in gewissen Situationen als sprunghaft entpuppt. Plötzlich ist etwas nicht mehr so interessant, weil er in Gedanken schon wieder etwas anderes anreisst.

Die Mitarbeitenden der ersten Stunde leisten wertvolle Arbeit. Dank ihnen kann Jürg Opprecht alle seine anderen Unternehmungen betreuen. Es ist der guten Crew mit ausgewiesenen Fachleuten zu verdanken, dass BPN «zum Fliegen kommt» und dass die Mittelbeschaffung, das Fundraising, gut funktioniert. Nicht immer teilen die Mitarbeitenden die Meinung von Jürg, aber als Stiftungsrat wird er sehr geschätzt. So scheint es in allen Engagements von Jürg Opprecht zu sein: Wenn er gute Leute an der Seite hat, werden seine Ideen zum Erfolg. Er braucht loyale Führungskräfte. BPN-Protagonist Hans Wilhelm ist einer davon: Mann der ersten Stunde, Pionier und starker Umsetzer. Der Wirtschaftsmann aus der Industrie weiss, worum es geht, wenn Firmen erfolgreich aufgebaut werden müssen. In seiner Tätigkeit als Unternehmensberater und in der Führungsschulung in der Schweiz hat er wertvolle Erfahrungen gesammelt. Er sucht aber nach einer neuen, sinnerfüllenden Tätigkeit. Von Jürg wird er beauftragt, BPN zuerst als Projekt im Auftragsverhältnis und als externer Berater beziehungsweise Projektleiter zu lancieren. Wilhelm will etwas bewegen. Er will mehr. Und das gelingt ihm. Dass er im Schatten von Jürg Opprecht steht, macht der ausgesprochenen Leitungspersönlichkeit keine Probleme: «Wir ziehen am gleichen Strick.» Mit Jürg habe er sehr wenige Auseinandersetzungen. Sie arbeiten zielorientiert. Das Verhältnis stufen beide als freundschaftlich, aber nicht ausgesprochen eng ein. Von aussen vernimmt man gleichwohl Stimmen, dass dann doch beide «Alphatiere» gerne einmal im Rampenlicht stehen.

So oder so: BPN wird auch für Hans zum Herzensanliegen und ist gleichzeitig Berufung und Bestätigung für seinen Weg. Hans ist der geborene Leiter des operativen Geschäfts in den Ländern – hierin geniesst er einen grossen Freiraum und trägt die Verantwortung. Er baut die Strukturen auf, die neutral auch auf andere Länder angewendet werden können. Die ersten vier Jahre trägt er in einem Land die Führungsverantwortung, dann übernimmt ein Team unter einem lokalen Leiter die operative Verantwortung. Es ist sein Ziel und die Absicht von Jürg, nach den ersten Jahren nur noch unterstützend und begleitend mitzuwirken. Dass er die Landessprachen nicht in jedem Fall beherrscht, sei kein Hinderungsgrund. Eine grosse Hilfe sind ihm die lokalen Übersetzer, die aber nicht reine Wortübersetzer, sondern auch Vermittler zwischen zwei Kulturen sind.

Das Fundraising jedoch bleibt bei Jürg. Je mehr BPN wächst, desto deutlicher wird es allerdings, dass die Beschaffung von weiteren Mitteln immer mehr Aufwand bedeutet. Deshalb ist den beiden klar, dass sie für die Gesamtleitung und das Fundraising eine weitere erfahrene Wirtschaftspersönlichkeit brauchen. In der Vorwärtsstrategie sehen sie in Ergänzung zum Chief Operating Officer und zur Entlastung des Gründers und Visionärs die Funktion eines Chief Executive Officers vor. Noch bleibt Jürgs Vision von 20 BPN-Ländern eine Vision – und vielleicht muss er seine hehren Ziele dann doch noch etwas anpassen. Die Beschaffung von Startkapital für ein neues BPN-Land und die nicht abnehmenden bürokratischen Hürden in der Schweiz wie auch in den potenziellen Einsatzländern sind immer von Neuem eine Herausforderung. Wenn sich aber Jürg einmal etwas in den Kopf gesetzt hat, kann er auch allen Widerständen zum Trotz vorangehen. Manchmal auch mit dem Kopf durch die Wand. Das ist nun einmal das Vorrecht des Gründers. Die Leute leben damit. Und manchmal kommt es auch nicht ganz so heraus, wie sich das seine Mitarbeitenden eigentlich wünschen würden – zum Beispiel im Zusammenhang mit der Generierung von «Seed Money» für das jüngste BPN-Land Georgien: Immerhin braucht es eine beachtliche Summe von einer halben Million Schweizer Franken, um die Startkosten der ersten zwei bis drei Jahre zu decken. Es gilt auch durchzubeissen, Mittel zu generieren und geduldig zu sein, um nicht zu viel Risiko einzugehen. Es ist Jürgs Traum, in Georgien Lücken zu schliessen. Nachdem er und Hans zusammen mit dem Landesleiter von Kirgisien die Möglichkeiten in Georgien vor Ort evaluiert haben, beurteilen sie die Chancen zur Förderung von KMU in Georgien positiv. Neben Gesprächen mit dem Schweizer Botschafter und dem Regionaldirektor des Schweizer Departements für Entwicklungszusammenarbeit im Südkaukasus gab es Begegnungen mit der Vizeministerin für Wirtschaft und nachhaltige Entwicklung und der Vizeministerin für Bildung und Erziehung. Zudem wurde die Situation in Gesprächen mit verschiedenen Leitern ausländischer Hilfswerke ausgelotet. Jürg Opprecht ist sich bewusst: Wie in anderen Entwicklungsländern ist die übliche langfristig unsichere politische Lage im Allgemeinen ein kritischer Punkt. In Georgien kommen die starke Ausrichtung der Wirtschaft auf die Hauptstadt Tiflis sowie das relativ hohe Lohnniveau hinzu. Jürg Opprecht sieht aber viel lieber die Chancen: die junge, weltoffene, aufstrebende Generation, das wirtschaftsfreundliche Umfeld mit einem gut entwickelten Bankensystem, die kaum spürbare Korruption, das transparente Steuersystem, die relativ gute Infrastruktur.

Die Multiplikation in weitere Länder bleibt das Ziel, auch wenn man sich vorderhand damit noch die Zähne ausbeisst. Hans bringt es auf den Punkt: «Jürg hat die Vision, die ihn antreibt. Am Anfang waren die Ziele vielleicht etwas zu euphorisch gesteckt.» Das aber gerade zeichnet Jürg Opprecht aus: «Wer alle Ziele erreicht, hat sie zu wenig hoch gesteckt», sagt der Gründer mit einem Augenzwinkern. «Die Realität hat vor allem gezeigt, dass wir professionelle Qualität, nicht Quantität anstreben müssen.» Jürg ist tendenziell optimistischer, enthusiastischer. Seine Mitarbeitenden sind eher die Realisten, bringen ihn auf den Boden zurück, setzen aber alles daran, ihn zu unterstützen. Wichtig bleibt: Für ihn ist der Mensch Mensch – unabhängig von Rang und Namen. Er sieht Potenziale und lässt sich auf Menschen ein. Das macht er auch bei einem Besuch in der Mongolei, wo er bei Firmenbesuchen immer an vorderster Front dabei ist und sich voll und ganz mit den Unternehmen identifiziert. Nichts lässt ihn davon abbringen – auch ein schwerer Sturz auf seine Schulter nicht. Er hat zwar unheimliche Schmerzen, lässt sich aber nichts anmerken. Er kann Widrigkeiten wegstecken, lebt mit körperlichen Einschränkungen.

«Hier bei BPN sind wir Family», sagt Hans Wilhelm. Und die Family stellt sich darauf ein, dass sie je länger je mehr ohne Jürg Opprecht auskommen muss. Sie freut sich aber, dass Tochter Noëlle im Stiftungsrat Einsitz genommen hat und zusammen mit Vater Jürg und Mutter Benzli weiterhin die Anliegen der Gründerfamilie vertritt. Noëlle hat im Übrigen in einer betriebswirtschaftlichen Weiterbildung eine Diplomarbeit ausgearbeitet, in der sie BPN eine einmalige Stellung unter Organisationen für die Entwicklungszusammenarbeit attestiert.

In der BPN-Family wird Jürg übrigens ähnlich wahrgenommen wie in der natürlichen Familie: Wenn etwas in ihm vorgeht, bewegt er es zuerst für sich alleine, kommuniziert kaum. Andere Menschen können seine Schritte oft nicht nachvollziehen. Er ist manchmal auch der zerstreute, spontane Innovationsgeist, verpasst ab und an einen Termin und kann sich wohl auch deshalb ganz gut in den BPN-Entwicklungsländern arrangieren. Es macht ihm auch nichts aus, auf dem Boden zu schlafen, wenn es sein muss. Das gibt immer wieder Anlass zum Schmunzeln, aber manchmal raufen sich die Mitarbeitenden auch die Haare.

Die Ideale von BPN werden weiterentwickelt. Tochter Noëlle ist von ihnen besonders angetan: «Die Vision meines Vaters reizt mich, weil ich dahinter stehen kann und will. Was ich anpacken und was ich anders oder gleich machen werde, sehen wir dann. Aber ich weiss, dass er mir den Freiraum gibt, auch meine eigenen Ideen einzubringen.» Man darf gespannt sein.

Lessons learned

Entdecke den Unternehmergeist in Dir. Entwickle Visionen, wecke Verantwortungsgefühl und Einsatzbereitschaft in anderen, delegiere, aber sei Dir nicht zu schade, selbst anzupacken und Unannehmlichkeiten in Kauf zu nehmen.

«Kooperation»: Zum 10-Jahr-Jubiläum von BPN in Kirgisien hat Jürg Opprecht mit einer einheimischen Künstlerin dieses Gemeinschaftswerk kreiert.

«Sanfte Erdtöne»: Für dieses Bild liess sich Opprecht in Afrika inspirieren.

5. Der Investor – geschickt, gescheitert und gescheiter

Jürg und sein Gewissen

Gewissen: Ist das nicht etwas viel Geld?
Jürg: Na ja, ich bin mir nichts anderes gewohnt.
Gewissen: Wie wär's mit Multiplikation?
Jürg: IT-Branche, Hedge Funds?
Gewissen: Du wirst schon sehen, wo du auf die Schnauze fällst.
Jürg: Also nicht so gut …
Gewissen: Verfalle nicht der Geldgier. Du hast mehr davon, wenn du gibst.
Jürg: Aha, Multiplikation heisst verschenken.
Gewissen: Nicht unbesehen. Du bist ja keine Giesskanne. Aber es lohnt sich, in Menschen zu investieren und soziale Verantwortung zu tragen.
Jürg: Tönt spannend – aber wie?

Nach dem Verkauf des Familienunternehmens ist er nicht nur frei von einer Last – er ist auch frei zu investieren. Dabei kann er seine vielseitigen Interessen voll zur Entfaltung bringen und andere unterstützen, sich zu entfalten. Als Investor bewegt sich Jürg Opprecht auf breitem Parkett. Mit seinem Immobilienengagement strebt er unter anderem die Belebung des Zentrums der Berner Agglomerationsgemeinde Kehrsatz an. Im Zentrum Berns kauft und renoviert er leerstehende Fabrikhallen und belebt sie neu. Er investiert in diverse Industrie- und Gewerbeliegenschaften und in Mehrfamilienhäuser. Mit den Erlösen aus diesen und anderen Projekten finanziert er unter anderem sein soziales und kirchliches Engagement.

★★★

Auch seinen grossen Bubentraum erfüllt sich der gewiefte Geschäftsmann: An der Lenk sorgt er um die Jahrtausendwende für Furore, als er als Retter des maroden Kurhotels Lenkerhof in Erscheinung tritt. Als leidenschaftliche Gastgeberin beeindruckt ihn schon früh seine Mutter. Auf seinen vielen Geschäftsreisen in aller Welt lernt er viele Hotels kennen. Er kombiniert seine Bedürfnisse als Geschäftsreisender und seine Erfahrungen im gastfreundlichen Elternhaus: «Meine Mutter war Gastgeberin mit innerer Freude und Motivation. 90 Prozent der Hoteliers jammern. Nur zehn Prozent der Hoteliers sind begeistert.» Dabei seien die Mitarbeitenden und die Hoteldirektoren als Vorbilder ein wesentlicher Erfolgsfaktor eines Gastronomie- und Tourismusbetriebs. Er beruft sich auf ein kenianisches Sprichwort: «Wenn du schnell gehen willst, gehe allein; wenn du weit gehen willst, gehe als Team.»

«Wenn du schnell gehen willst, gehe allein; wenn du weit gehen willst, gehe als Team.»

Als Teammitglied sieht er sich als Hotelier auch im Lenkerhof. Gerne nehmen sich Benzli und Jürg persönlich ihrer Stammgäste an. Bis es aber so weit kam, musste er bei Null anfangen. Der Lenkerhof war ein gut unterhaltenes, aber in die Jahre gekommenes Hotel. Die traditionsreiche Geschichte des Lenkerhofs begann mit einem Badehaus und der hoteleigenen Balmenquelle vor 350 Jahren. Doch die lange Tradition der Kurgäste nahm in den 1990er-Jahren ein abruptes Ende. Treue Kurgäste blieben aufgrund des revidierten Krankenversicherungsgesetzes plötzlich aus – und für andere Nutzungen fehlten die Visionen. Im Zusammenhang mit der Immobilienpleite der Berner Kantonalbank wird auch der Lenkerhof zum Verkaufsobjekt der Auffanggesellschaft Dezennium, in die faule Bankkredite ausgelagert wurden.

Da kommt Jürg Opprecht auf den Plan. Nachdem er verschiedene Hotelprojekte verworfen hat, weckt der Lenkerhof sofort die Passion in ihm. Der faszinierende Blick auf den Hausberg Wildstrubel tut es dem Investor an. Er ist sich des Risikos bewusst, verspricht aber den Lenkern, dass er «etwas Schönes machen will». Es soll ein Hotel der Superlative werden – von der gelebten Gastfreundschaft über das Design bis zum Kulinarium. Keine einfache Herausforderung, denn Lenk kann sich als familienorientierte Destination nicht mit grossen Tourismusorten wie Gstaad oder St. Moritz messen. Aber die Lenker vertrauen ihm.

Die Zeit drängte: Die Auffanggesellschaft wollte die Liegenschaft möglichst schnell loswerden, und Jürg Opprecht wollte möglichst rasch in das stillgelegte Hotel investieren. Er bietet einen symbolischen Preis. Die Vertreter der Bank schlucken dreimal leer. Vor allem die vielen Kleinaktionäre im Dorf, die bei der Lenkerhof-Pleite alles Geld verloren. Aber sein Versprechen hat der neue Hotelbesitzer gehalten: Er investiert 33 Millionen Schweizer Franken. Mit den erwirtschafteten Mitteln wird in den folgenden Jahren erneut investiert.

«Nach dem Kauf begann eine spannende Zeit», erinnert sich Jürg Opprecht. Die Planung des neuen Hotels macht er zur Chefsache. Er macht keine halben Sachen und zieht ein Architektenteam mit Erfahrung in der Luxushotellerie bei. Die Philosophie ist anspruchsvoll: Das Hotel wird von innen nach aussen entwickelt. Zuerst werden die Innenräume gestaltet, dann wird die Hülle passend aussenrum geplant. Das Resultat ist erfreulich, die Zusammenarbeit läuft erspriesslich, aber die Planung, die Wahl der Partner und Materialien sowie die Realisierung sind aufwendig.

Im Lenkerhof steckt vor allem eines: viel Herzblut. Bei der Gestaltung der Räume und Auswahl der Materialien wollen Jürg und die Architekten nicht nach dem «Me-too-Prinzip» («Ich-auch-Prinzip», also andere Konzepte kopieren) handeln, sondern etwas wirklich Neues, Innovatives hervorbringen. In dieser Aufgabe blüht das ganze Team förmlich auf: Es besucht einschlägige Ausstellungen, macht eine «Tournee» zu diversen anderen führenden Hotels. Vor allem der Wellnessbereich soll etwas völlig Aussergewöhnliches werden: Steine aus dem Simmental schaffen den Bezug zur Region und eine einzigartige Atmosphäre. Bei der Ideenfindung stossen die kreativen Taktgeber auf die Namensherkunft des Flusses «Simme»: In ihm verbirgt sich die Bedeutung «Sieben Quellen». Was liegt näher, als den Spa-Bereich – trendig in Englisch – «Seven sources» zu nennen und gleich mit sieben Saunen und sieben Quellen auszustatten. Das passt umso besser, als die Sieben die sinnbildliche Zahl der Vollkommenheit ist. Nicht nur im Wellnessbereich – auch bei der Auswahl und Kombination der Materialien im ganzen Haus achten die Architekten darauf, dass die harmonische Wohlfühl-Atmosphäre ein entscheidendes Merkmal ist. Es gibt keine endlosen Diskussionen über die Auswahl von Materialien und Stil.

Ein halbes Jahr wird geplant. Es geht darum, das optimale Hotelkonzept zu erarbeiten: Jürg Opprecht will viel Substanz erhalten, ohne Kompromisse einzugehen. Dabei schätzt er die «extreme Unterstützung» der Gemeinde: Überbauungsordnung, Gestaltungsplan, Sonderbauzone, Zonenplan – in nur zwei Monaten wird mit Kanton und Gemeinde das ganze Bewilligungsverfahren für das Prestigeobjekt durchgezogen. Alle Seiten versprechen sich viel davon. Als Bauherrschaft tritt man bewusst nahbar, transparent und bescheiden auf – mit Erfolg: «Wir suchten den freundschaftlichen Umgang mit möglichen Projektgegnern. Es gab keinerlei Einsprachen.»

Ein halbes Jahr wird geplant, eineinhalb Jahre wird gebaut, und auf die Wintersaison hin wird Ende 2002 das neue Lenkerhof Alpine Spa Resort eröffnet. Der Erfolg lässt nicht lange auf sich warten. Die Gäste kommen in Scharen, und schon 2005 wird der Lenkerhof zum GaultMillau Hotel des Jahres erkoren. Die über 80 Zimmer sind gut belegt, und doch nagt die Finanz- und Eurokrise ab 2007 an der Ertragssituation. Es dauert eine gewisse Zeit, bis die Talsohle überwunden werden kann, denn der tiefe Eurokurs hält Gäste aus Europa ab, teure Ferien in der Schweiz zu machen. Die Auslastung kann sich sehen lassen – sie gehört zu den besten in der Schweiz: um die 80 Prozent der Betten sind in der Hochsaison im Winter belegt, und auch im Sommer darf man mit rund 50 Prozent zufrieden sein.

Das Konzept bewährt sich. Die Bausubstanz ist gut. Aber auch am Lenkerhof geht die Zeit nicht spurlos vorüber. Nach fast 15 Jahren kommen erste Schäden zu Tage, räumt Jürg ein: «Wir haben extra in Marokko Zementfliesen herstellen lassen, die sich im ganzen Hotel wiederfinden. Dieser Zement saugt Wasser auf, was sich in den Sanitärbereichen langfristig ungünstig auswirkt. Da das Design zeitlos ist, hoffe ich aber, dass die Fliesen noch einige Jahre belassen werden können.» Jürg weiss: Das sind die Freuden und Leiden eines Hoteliers. Und er weiss auch, dass in der Regel nach einem Vierteljahrhundert die Zimmer den neuesten Bedürfnissen angepasst werden müssen.

Bei den Mitarbeitenden setzt Jürg Opprecht auf Qualität. Kommt er nicht in Versuchung, als bekennender Christ die «Geistlichkeit» über die Professionalität zu stellen? Er verneint. Denn im Verwaltungsrat hat er dafür einen führenden Berater der Luxushotellerie verpflichtet, der über reiche Erfahrung und ein gutes Beziehungsnetz verfügt. Aus seinem tiefen Glauben aber macht Jürg Opprecht im Umgang mit der Direktion und den anderen Mitarbeitenden keinen Hehl.

Im Gegenteil: Wer glaubt, eine Glaubensüberzeugung wirke sich eher begrenzend auf die Geschäftsentwicklung aus, fehlt weit. Der Lenkerhof ist nicht nur ein Bubentraum von Jürg Opprecht, sondern auch ein Entwicklungsraum für seine Frau Benzli, was die Mitarbeitenden direkt mitbekommen und schätzen. Wenn Jürg und Benzli aufkreuzen, wird kein

Hofstaat gemacht, wie man dies standesgemäss in einem Luxushotel erwarten würde. Wer die beiden nicht kennt, wird sie als Gast auch nicht als etwas «Besonderes» wahrnehmen. Vielmehr treten sie bescheiden auf – er vorzugsweise in Jeans und legère gekleidet mit einem sportlichen Hemd, das er über der Hose trägt. Gerade daran wird deutlich, dass er sich zum Ziel gesetzt hat, den Lenkerhof zum

Gerade daran wird deutlich, dass er sich zum Ziel gesetzt hat, den Lenkerhof zum jugendlichsten Fünfsternehotel der Schweiz zu machen.

jugendlichsten Fünfsternehotel der Schweiz zu machen. Der Blick in die Gästeschar beweist, dass seine Vision aufgeht: Vom jungen Pärchen mit dem bescheidenen Kleinwagen aus Deutschland bis zum Multimillionär mit dem Bentley aus Frankreich ist die Palette der Gäste breit. Das Ambiente ist gediegen, aber locker. Kein Garderobenzwang, keine Etikette, kein Zurschaustellen von Reichtum.

Die Werte werden gelebt. Benzli Opprecht ist das beste Beispiel dafür, auch wenn es für sie nicht immer einfach ist: «Es ist die grösste Herausforderung meines Lebens, mit einem Unternehmer und Visionär verheiratet zu sein.» Seine breit gefächerten Begabungen, Interessen und Ideen hätten immer wieder bedeutet, Neues zu wagen. Sie schätzt es, dass sie als «starke Nummer 2» ernst genommen wird. Indes: «Manchmal war es schon so, dass ich einfach nicht mehr nachgekommen bin, wenn er etwas angefangen hat.»

Noch immer – selbst wenn sie schon Grossmutter ist – bezeichnet sich Benzli Opprecht als starke und leidenschaftliche Mutter. Gerade in der herausforderungsreichen Zeit, in der der Lenkerhof aufgebaut wird, beisst sie sich manchmal an ihren Jungs und Girls die Zähne aus. Ängste kommen auf: «Schaffe ich das, will ich das alles?» Sie wird sich aber bewusst: «Ich musste mich entscheiden, nicht auf dem Boden der Angst zu funktionieren. Ich musste vieles loslassen, um den Anschluss nicht zu verlieren.» Das wirkt sich positiv auf den Lenkerhof auf, auch wenn Benzli eher selten im Haus anzutreffen ist: Sie tritt als zierliche, kleine, selbstbewusste, adrett aber nicht auffällig gekleidete Patronin auf. Hier ein Schwatz mit der Floristin oder ein ehrlich gemeintes Kompliment für den Kellner, dort ein herzliches Willkommensgespräch mit einem Stammgast: Die starke Mutter von vier Kindern ist zur «guten Mutter» des Lenkerhofs geworden, die ihren «Kindern» Freiraum lässt, weil sie selber experimentieren durfte: «Ich musste lernen, mich abzugrenzen. Ich gestand mir ein, dass ich nicht alles machen kann. Als Jürg den Lenkerhof übernommen hat, hatten wir vier stark pubertierende Teenager und bauten ein grosses Haus am Murtensee. Ich konnte mich damals nicht auch noch in den Lenkerhof investieren. Das Werden des Lenkerhofs konnte Jürg denn auch nicht wirklich mit mir teilen. Meine wichtigste Lektion dabei war: Ich kann mich zwar abgrenzen, aber ich will mich nicht entfernen.» Die unterschiedlichen Persönlichkeiten von Benzli und Jürg führen da und dort zu Spannungen: Sie ist eher aufs Detail bedacht, er ist der Mann der grossen Würfe. Aber man findet sich immer wieder, und Jürg pflegt zu sagen: «We have to agree to disagree.» (Wir müssen uns einig werden, dass wir uneinig sind.) Ein Spruch übrigens, den Benzli gar nicht mag. Sie mag viel lieber Harmonie als Uneinigkeit.

Tochter Naomi drückt es im Nachhinein so aus: «Vaters visionäres Denken und Mutters Blick für Details ergänzen sich. Ein gutes Team! Aber natürlich verläuft da nicht alles harmonisch. Es scheint, dass sie sich mit der Situation arrangiert haben und die Unterschiedlichkeiten akzeptieren.» Ihre Mutter schätze es, wenn Vater ihren Standpunkt sehen kann. Und doch betont sie: «Wenn es mal nicht so ist, fühlt sie sich ihm gegenüber ohne Druck verpflichtet. Sie ist die loyalste Person, der ich je begegnet bin.» Naomi ist überzeugt, dass sie dank der Beziehung ihrer Eltern und ihrem gemeinsamen Ringen mit auf den Weg bekommen habe, wie «Krisen aussergewöhnlich gut gemeistert werden können». Zwar habe sie von Uneinigkeiten nicht allzu viel mitbekommen, aber sie wisse aufgrund der Werte ihrer Eltern, dass sie in schwierigen Situationen kommunizieren muss: «Da sitzt man zusammen und fühlt einander auf den Zahn – immer bestrebt und darum ringend, dem Gegenüber zu vergeben. Wir lernten, die andere Person in Konflikten nicht geringer zu achten als sich selber.»

Eine weitere Erkenntnis nimmt Tochter Noëlle – nicht ganz un- und selbstkritisch, und doch dankbar – für ihr Leben mit: «Ich spürte das Spannungsfeld zwischen Harmonie und Uneinigkeit besonders stark. Jeder Konflikt musste angesprochen und sofort gelöst werden. Manchmal hatte ich das Gefühl, dass man sogar nach potenziellen Baustellen und Verbesserungspunkten gesucht hat, wenn es keinen Konflikt gab.» Indes: Aber auch sie hat rein elterlichen Krach kaum bemerkt: «Sie haben das immer sehr diskret hinter geschlossenen Türen gelöst. Das stört mich im Nachhinein. Folglich kann ich heute sehr schwer mit zwischenmenschlichen Konflikten umgehen. Ich halte es kaum aus, und musste richtig lernen, dass nicht jede Konfliktsituation angesprochen werden muss oder soll.» Was ihr wichtig ist: «Man kann nicht immer gleicher Meinung sein, sich aber doch in unterschiedlichen Standpunkten respektieren.»

Das Dilemma der beiden Persönlichkeitstypen führt dazu, dass sich beide auf ihre Weise entfalten können. Während sich Jürg voll in den Lenkerhof investiert, konzentriert sich Benzli auf die Teenager und den Bau des architektonisch einzigartigen Einfamilienhauses. Von Jürg lernt sie, wie er seine Leute im Lenkerhof an der «lange Leine hält». Also macht sie das auch. Dank dieser Erfahrung fällt es ihr auch leichter, die Kinder als bald schon junge Erwachsene ziehen zu lassen. Aber ein Klacks ist es nicht: «Wir hatten stark pubertierende Kinder. Es ist eine Herausforderung, wenn ein starker Vater mit viel Öffentlichkeitspräsenz in der Familie ist.»

Es kommt den beiden zugute, dass ihnen Veränderungen nicht sonderlich schwer fallen: Benzli hat das im Blut. Aufgewachsen in Südamerika, gut bürgerlich erzogen, später ausgebildet in einer katholischen Klosterschule im Fürstentum Liechtenstein – ihre Geschichte und die Prägung ihrer Familie über Generationen hinweg haben sie auf die «Opprechtschen Abenteuer» vorbereitet. Tief in ihrem Leben drin sind immer die Gottesfurcht und der Hunger nach Übernatürlichem, wie sie selber von sich sagt. In dieser Kombination liegt ein Geheimnis: Die beiden motivieren und unterstützen sich gegenseitig, spornen sich zu Höchstleistungen an. Dabei wissen sie immer im Herzen, dass sie nichts aus sich selber heraus machen können, sondern dass sie letztlich alles von Gott geschenkt bekommen haben. Jürg gibt Benzli immer mehr Freiraum im Lenkerhof – und das wird auch vom Verwaltungsrat und der Direktion begrüsst.

> **Die beiden motivieren und unterstützen sich gegenseitig, spornen sich zu Höchstleistungen an.**

Benzlis persönliche Philosophie und Begabung wird im Lenkerhof spürbar, ohne dass sie ihren Glauben anderen aufzwingen oder aufschwatzen würde: «Gott ist wie ein Vater oder eine Mutter für mich. Er motiviert und unterstützt mich da, wo eine Begabung vorhanden ist. Gott begegnet mir immer wieder im Alltag. Auch wenn es mir einmal zu viel wird, bin ich nicht allein. Diese Zuversicht trägt durchs Leben.»

Benzli muss aber ihre Begabungen erst noch zur Entfaltung bringen. Gottes Wege sind unerforschlich, könnte man in diesem Zusammenhang sagen. Denn gerade ein dramatischer Einschnitt im Leben der Opprechts trägt dazu bei: Als Jürg die Krebsdiagnose erhält, ist das nicht nur ein Schock, sondern auch ein Auftrag zugleich. Der Wirkungskreis der «starken Nummer 2» wird plötzlich erweitert. Benzli sitzt zwar schon im Stiftungsrat von Jürgs gemeinnütziger Stiftung Business Professional Network BPN. Im Lenkerhof übernimmt sie nun zusätzlich die Verantwortung für den Aussenbereich. Dies hat damit zu tun, dass Jürg voll vom «dunkelgrünen Daumen» und den Bauleitungsqualitäten seiner Frau überzeugt ist. Hierin findet sie Raum sich zu entwickeln. Und wie.

Wegen Jürgs Höhen und Tiefen während der Krebserkrankung nimmt Benzli auch an einer Retraite von Verwaltungsrat und Direktion des Lenkerhofs teil. «Ich glaubte, ich sitze im falschen Film. Da wurden Zahlen gebogen, Budget und Bilanz diskutiert, aber keiner dachte daran, dass das 10-Jahr-Jubiläum bevorstand.» – «Was ist mit dem Jubiläum?» fragt sie und löst damit eine Kettenreaktion aus. Plötzlich kommt die Anfrage, ob sie im Verwaltungsrat nicht die Verantwortung für Umbauten und Renovationen übernehmen wolle – eine besonders herausforderungsreiche Aufgabe im Haus, dessen Grundmauern zum Teil 100 Jahre alt sind. «Für diese Aufgabe wurde ich von Jürg und dem Verwaltungsrat freigesetzt – das war entscheidend für meine Entwicklung. Ich entwickelte Spass an der Aufgabe. Ich lernte, Zahlen zu lesen und zu interpretieren. Reines Learning by Doing. Heute weiss ich, wie wichtig es ist, die Zahlen laufend zu verfolgen, um Schlüsse zu ziehen und Entscheide zu treffen. Manchmal bin ich knallhart, muss priorisieren. Und manchmal ist es einfach zu viel – die Stiftung und der Lenkerhof. Denn ich möchte ja auch noch meiner Rolle als Grossmutter gerecht werden.» Sie lässt es nicht dabei, sondern geht ihrer Clinchsituation auf den Grund: «Ich liess mich beraten. Nicht, weil es mir besonders schlecht ging. Auch nicht, damit etwas Spektakuläres passieren sollte. Aber das Tolle daran war: Nach einem längeren Gespräch und einem Gebet waren alle Bedenken wie weggeblasen. Ich wurde in meiner Mehrfachrolle bestätigt und fühle mich wohl darin – als Mutter, Grossmutter, Ehefrau, im Lenkerhof und in der Stiftung. Ich staune selber über dieses vorherrschende Grundvertrauen, das mir so viel Kraft gibt.»

Das Grundvertrauen in Gott und die Menschen zieht sich wie ein roter Faden durch das Leben und die Projekte der Familie Opprecht – mit Freuden und Enttäuschungen. Der Lenkerhof jedoch ist bisher von schwerwiegenden Enttäuschungen verschont geblieben. Hört man dem dritten Direktor des Hauses seit seiner Eröffnung im Jahr 2002 zu, dann kommt man sogar fast zum Schluss, dass der Lenkerhof eine «Insel der Glückseligen» oder ein «Biotop des Guten» ist. Sogleich wird aber klar, dass Jürg Opprecht nicht einfach ein Gutmensch oder Phantast auf Wolke

7 ist, denn, so der langjährige Direktor Jan Stiller: «Auch wir brauchen Performance. Aber das Zwischenmenschliche kommt zuerst.» Stiller ist einer jener Hoteldirektoren der jungen Generation, die ihre Sporen in renommierten Häusern abverdient haben und rasch viel Verantwortung übernehmen, weil sie innovativ, engagiert und gastfreundlich sind. Das ist auch einem Lenkerhof-Verwaltungsrat nicht entgangen. Dem Unternehmensberater und Hotelprofi ist anlässlich eines gemütlichen Abends am Rande eines Seminars aufgefallen, dass der aufstrebende Hotelier Potenzial hat und in den Lenkerhof passen würde. Gerade mal 32 Jahre alt war Stiller damals – und seine erste Frage war verständlich: «Trauen Sie mir das zu?»

> **Das Grundvertrauen in Gott und die Menschen zieht sich wie ein roter Faden durch das Leben und die Projekte der Familie Opprecht – mit Freuden und Enttäuschungen.**

Die Sache entwickelt sich. Jürg und Benzli Opprecht wollen den Neuen kennenlernen. Das Fachliche wurde bereits geprüft. In den Bewerbungsgesprächen geht es nicht um Fachwissen, sondern um die «Chemie» – einer der vier wesentlichen Punkte, die Jürg Opprecht beachtet, wenn er sein Personal rekrutiert. Die «4 C» aus der Managementlehre verpflichten nicht nur Jürg Opprecht, sondern auch alle Menschen, die mit ihm und für ihn arbeiten: **C**haracter, **C**hemistry, **C**ulture, **C**ompetence. Die Mitarbeitenden müssen einen guten Charakter, eine gute Ausstrahlung haben. Die «Chemie» im Team muss stimmen. Die Unternehmenskultur muss verstanden als auch glaubwürdig gelebt werden und bei der Mitarbeiterselektion einen grossen Wert haben. Und natürlich geht es nie ohne Fachkompetenz, die dem hohen Niveau gerecht werden muss: Business excellence at its best.

Das zweite Bewerbungsgespräch wird für Stiller jedoch zum krassen Spiessrutenlaufen. Es ist eine jener Situationen, in denen man am liebsten im Boden versinken würde: Er kommt nämlich zwei Stunden zu spät, obwohl er viel Zeitreserve eingerechnet hat: Ein unvorhergesehener Stau zwischen Zürich und Bern lässt Stillers Puls rasen und die Hoffnungen schwinden. Doch Opprechts und die zwei weiteren Verwaltungsräte warten geduldig im Lenkerhof. Jan Stiller entscheidet sich, ohne Krawatte zu erscheinen. «Das passt ohne Krawatte», ist einer der Kommentare von Benzli. Man findet sich schnell. Und wen wundert's, dass eine Berner

Tageszeitung einmal titelte: «Jan Stiller verstösst gegen einige Gesetze der Luxushotellerie – mit Erfolg.» Der initiative Hotelier lebt vor, was Jürg Opprecht sich wünscht: Menschlichkeit, Ehrlichkeit, Authentizität, Vertrauen, Natürlichkeit, Freundlichkeit. Er empfängt schon mal in Jeans, setzt auch auf Familien: «Wir wollen das jugendlichste Fünfsternehotel sein.» Das ist kein Lippenbekenntnis: In der Kinderwelt fühlen sich die kleinen Gäste wohl. Das Kinderrestaurant heisst «Der kleine Prinz». Und weil das Anklang findet, musste man sich zeitweise auch schon mal dazu durchringen, Anfragen von Familien mit Kindern abzulehnen, weil schlichtweg kein Platz mehr da war. Die Gäste und die Mitarbeitenden bilden eine Familie – und sei es für den spontanen Grillplausch am Schweizer Nationalfeiertag morgens um 2 Uhr, als die Gäste einen kleinen Hunger haben: Jan Stiller zaudert nicht, organisiert Feuerschale und Bratwürste, macht das Feuer – das Erlebnis ist perfekt und bleibt unvergesslich.

Das färbt ab: Stammkunden umarmen den Direktor bei der Begrüssung – im ersten Moment wohl gewöhnungsbedürftig – oder küssen den Kellner auf die Wange.

Beim 10-Jahr-Jubiläum hat Jürg Opprecht seine Grundwerte auf die Probe gestellt, die er bei der Eröffnung des Lenkerhofs propagiert hat. «Es war ergreifend zu sehen, wie Gäste und Mitarbeitende zum Teil zu Tränen gerührt waren, weil Jürg Opprechts Vision Realität wurde. Jürg Opprechts Grundwerte werden ernst genommen und gelebt. Es gibt zwar Häuser mit noch besserer Infrastruktur. Aber dieses Haus hat eine Seele», bringt es Jan Stiller auf den Punkt. Das färbt ab: Stammkunden umarmen den Direktor bei der Begrüssung – im ersten Moment wohl gewöhnungsbedürftig – oder küssen den Kellner auf die Wange.

Die Euro- und Finanzkrise um 2007 haben auch Jürg Opprechts Investment und seine Nerven auf die Probe gestellt. Doch die langfristige Sichtweise zahlte sich aus. Er verzichtet auf kreative Buchhaltung, steht die Delle durch. Die Interessen des Lenkerhofs stehen über seinen eigenen Interessen. Sein Bubentraum darf nicht zum Alptraum werden. Gerade in diesem Umfeld entfaltet Benzli ihre Qualitäten. Sie erklärt die Nobelherberge zur «angstfreien Zone»: Man darf als Mitarbeiterin und Mitarbeiter alles ansprechen, was beschäftigt – nur der Ton und die Einstellung müssen stimmen. Auch Jan Stiller und seine Partnerin Heike Schmidt stehen Zeiten der Krisen durch: «Wir hatten eine schwierige Zeit und suchten das Gespräch. Dazu wurden wir von Opprechts zu ihnen nach Hause eingeladen. Wir konnten die Situation schildern, persönlich sprechen und spürten, dass sie hinter uns stehen. Das hat uns viel Kraft gegeben.»

Das familiäre Verhältnis bestätigt sich im Gespräch mit Mitarbeitenden. Ein Abteilungsleiter sagt spontan, dass er von Opprechts gefördert worden sei. An der Reception und im Restaurant werden Gäste ernst genommen, ihr Wohlbefinden liegt dem Personal aufrichtig am Herzen. Abteilungsleiter sind für den Direktor und den Besitzer Unternehmer im Unternehmen. Bei Jürg Opprecht ist zwar die alleinige Macht, aber er missbraucht sie nicht. «Wenn ich mit anderen Hoteldirektoren vergleiche, habe ich viel mehr Entscheidungsfreiheit», so Stiller. «Anderswo sind Hoteldirektoren Durchlauferhitzer, wir können gestalten.» Auch kennt Stiller aus seiner Branche den Usus, dass der Besitzer bevorzugt behandelt wird, wenn er etwas will: «Das will Jürg Opprecht nicht. Es ist auch falsch, wenn der Direktor oder der Inhaber mehr wert sind, als der Gast.» Die Erfahrung eines Gastes, der in einem Zürcher Nobelhotel einen dauerreservierten und dauerleeren Tisch für besondere Personen nicht benutzen durfte, obwohl das Haus voll war, macht man im Lenkerhof nicht: «Ich bin wohl auch der einzige Hoteldirektor, der seinem Verwaltungsratspräsidenten absagen kann, wenn er zu spät für das Silvester-Dinner reserviert.»

«Ich sehe in Jürg Opprecht nicht nur den Chef. Ich wage nicht zu sagen, er sei mein Freund, dafür kenne ich ihn zu wenig gut. Aber er gibt mir das Gefühl, dass ich nicht ein Angestellter bin.»

★★★

Indes – Szenenwechsel: Zuweilen schlagen auch die Schattenseiten von Jürg Opprechts kreativer Ader und seines visionären Denkens durch. Er ist stark, Projekte anzureissen, und stark, Menschen zu begeistern. Wenn es aber ums Detail geht, braucht er starke Umsetzer, denen er unternehmerischen Freiraum lässt. Fehlen solche Menschen, oder vertraut Jürg Opprecht zu stark auf das Gute im Menschen, dann kann es schon mal zu einer Bruchlandung kommen. Davor wurde er nicht verschont, und er hat eine Lektion fürs Leben gelernt.

Kurz, aber schmerzhaft. So lässt sich die Zeit von Jürg Opprecht als Investor in der IT-Branche umschreiben. Nach dem Verkauf des Familienunternehmens ist er nicht nur frei von einer Last – er ist auch frei für neue

Abenteuer. Der «Ausflug» in die IT-Branche kommt ihm, dem sonst erfolgsverwöhnten Unternehmer und Visionär, teuer zu stehen. Kurz vor der Jahrtausendwende stimmt er in das allgemeine Hohelied der grenzenlosen Möglichkeiten der digitalen Technologien ein. Die Gewinnerwartungen sind für ihn zu verlockend: Das Kabeltechnologieunternehmen Swisscab verspricht hohe Renditen. Das erste Jahr läuft hervorragend, aber als 2002 die «dot.com-Blase» platzt, ist es vorbei mit der grossen Freiheit. Doch bald stellt sich heraus: Der Markt ist gesättigt. Die Bereitschaft zu Investitionen im Telekomsektor ist eingebrochen.

Jürg Opprecht stellt die Liquidität sicher. Schliesslich kann er aus seinem Firmenverkauf aus dem Vollen schöpfen und geht davon aus, dass es sich nur um eine vorübergehende Flaute und lösbare technische Krise geht. Aber er irrt sich: Den Todesstoss versetzt dem Unternehmen der berüchtigte 11. September 2001 («9/11»). Der Terroranschlag mit Flugzeugen auf die beiden Zwillings-Wolkenkratzer und Wahrzeichen New Yorks führt zu einem dramatischen Rückgang der Bestellungen. Die Kunden annullieren Aufträge in der Höhe eines Viertels des Umsatzes. Hinzu kommen Probleme mit ausgelieferten Produkten: In der ganzen Welt müssen technische Fehler behoben werden. Ein Fass ohne Boden. Tägliche Sitzungen, Feuerwehrübungen, Suche nach potentiellen Käufern. Dazu kommen schlaflose Nächte. Eines Nachts, als Jürg nicht schlafen kann, weckt er Benzli und sagt: «Ich weiss nicht mehr weiter.» Dieses Eingeständnis fällt schwer, aber es entspricht der Wahrheit: Jürg merkt schmerzlich, dass er zwar von der Technik etwas versteht, aber den Markt nicht kennt. Am Ende seiner Möglichkeiten, und um seine anderen Investitionen nicht zu gefährden, muss er 2002 – zwei Jahre nach der Übernahme von 90 Prozent der Firmenaktien – die Bilanz deponieren. Auch die Rettungsaktion mit einer Nachfolgefirma unter neuer Führung läuft schief. 150 Angestellte verlieren ihren Job. Jürg Opprecht gerät in Kritik, weil ein Sozialplan fehlt: «Das war bitter und entspricht gar nicht meiner Art, Verantwortung wahrzunehmen. Aber ich hatte eine grössere Summe in einen Fonds einbezahlt, weil ich meiner sozialen Verantwortung als Investor gerecht werden wollte.» Er gibt sich selbstkritisch: «Dieses Investment hätte ich nie machen sollen. Denn ich hatte keine Marktkenntnisse und schätzte die Lage und das Risiko komplett

> **Eines Nachts, als Jürg nicht schlafen kann, weckt er Benzli und sagt: «Ich weiss nicht mehr weiter.»**

> **«Erfolge machen glücklich, Rückschläge machen weise.»**

falsch ein.» Doch eine wichtige Lehre zieht Jürg auch aus diesem dunklen Kapitel: «Erfolge machen glücklich, Rückschläge machen weise.»

★★★

Fast zeitgleich mit dem Lenkerhof und dem IT-Engagement realisiert Jürg Opprecht ein ganz anders gelagertes Projekt: das Zentrum Rössli in Kehrsatz, das im Jahr 2000 gebaut wird. Er hat die Vision, dass «die Kirche im Dorf bleibt». Das frühere Restaurant Rössli mit alter Garage soll neu belebt werden.

Er hat die Vision, dass «die Kirche im Dorf bleibt».

Mit dem Millionenprojekt mit einem multifunktionalen Zentrum, Wohnungen, Restaurant, Mehrzwecksaal mit Bühne, Büros sowie Ausstellungs- und Schulungsräumen überzeugt er nicht nur den christlichen Verein Quelle, der als Kirche im Dorf stark engagiert ist, sondern – nach anfänglicher Skepsis – auch die politischen und kulturellen Verantwortungsträger. Das «Rössli Kehrsatz» ist kein klassisches Kirchengebäude, sondern ein Begegnungsort für Menschen verschiedener Kulturen. Es ist das Resultat einer «lauten Träumerei» von Jürg Opprecht und seines Freundes Kurt Kammermann, dem Leiter des Vereins Quelle.

Anfänglich sind die Leute in Kehrsatz skeptisch. Sie hoffen, dass den beiden Spinnern das Geld ausgeht. «Aber heute», so Jürg Opprecht, «haben wir unser Ziel erreicht, denn das kirchliche Begegnungszentrum ist auch in der politischen Gemeinde integriert.»

Die Träumerei hat sich gelohnt: Der Saal für 200 Personen wird regelmässig vermietet und von der Kirche benutzt, das japanische Restaurant ist nach verhaltenem Start nicht mehr wegzudenken und hat bereits GaultMillau-Punkte eingeheimst, das Grafikatelier und das Tonstudio sorgen für einen kreativen Spirit, und die Familienberatung ist zur bewährten Anlaufstelle geworden.

Natürlich gibt es auch im Rössli einige Hürden zu meistern. Bis das Haus ausgelastet ist und ein guter Mix gefunden wird, dauert es einige Zeit. Das Restaurant hat nach einigen Wechseln endlich die gewünschte Qualität mit Ausstrahlung weit über die Gemeindegrenzen hinaus erlangt und freut sich sogar über eine Auszeichnung eines japanischen Ministeriums. Das Restaurant verbindet Kulturen, japanische Botschafter gehen ein und aus.

Die einst im Rössli beheimatete Sprachschule musste zwar geschlossen werden, aber daraus entstanden neue Investitionen, und für den Leiter der Sprachschule resultierte ein neuer Entwicklungsschritt. Die Kulturtage werden wieder neu belebt. Der unterirdische Partyraum erfreut sich grosser Beliebtheit als Schülertreff, für Geburtstage, Seminare, Kampfsport und anderes mehr. Mit der Schatzkiste betreut der Verein Quelle einen für den Ort wichtigen Kinderhort, und der Kinder-Mütter-Treff mit Gesprächsgruppen ist für Eltern ein willkommener Ort, um sich auszutauschen.

Der Spielplatz vor der Schatzkiste wurde auf eigene Kosten finanziert und steht der Allgemeinheit zur Verfügung. Selbst ein Gästezimmer für Situationen, in denen Kriseninterventionen – zum Beispiel bei Beziehungskonflikten – nötig werden, ist eingerichtet.

Die ehrenamtlichen Mitarbeitenden des Vereins werden wertgeschätzt, wie anderswo kaum: Ein vollständig eingerichteter Computerarbeitsplatz steht ihnen rund um die Uhr zur Verfügung. Auch der Nationaltrainer der Schweizer Beachvolleyballer arbeitet im Rössli Kehrsatz.

Im rustikalen Chalet Sonnmatt, das hinter dem modernen Zentrum Rössli steht, wurde ein Heim eingerichtet, wo rund fünf Personen betreut wohnen können. Kurt Kammermann wünscht sich, dass Menschen mit einer schwierigen Vergangenheit hier wieder hergestellt werden können: «Sie sollen den Glauben auf nicht religiöse Art kennenlernen.» Der ganze Mix an Angeboten des Vereins Quelle hat im Laufe der Jahre dazu beigetragen, dass selbst anfänglich äusserst kritisch eingestellte Bürgerinnen und Bürger nunmehr überzeugt sind, dass das Zentrum Rössli im Dorf eine wichtige, verbindende und konstruktive Arbeit leistet.

Heute lässt Jürg Opprecht – wie viele seiner anderen Projekte auch – das Rössli an der langen Leine: «Ich bin der Typ, der sich gerne zurückzieht, wenn etwas gut läuft. Das Rössli ist ein typisches Beispiel dafür, dass ich gerne Pionier bin.» Inspirieren lässt sich Opprecht von verschiedenen weltweit bekannten Persönlichkeiten aus der christlichen Szene, mit denen er eine Überzeugung teilt: «Die Christen sollten nicht in ihren eigenen vier Wänden bleiben. Sie müssen den Einfluss, der beim

> «Ich bin der Typ, der sich gerne zurückzieht, wenn etwas gut läuft. Das Rössli ist ein typisches Beispiel dafür, dass ich gerne Pionier bin.»

Aufbau der modernen Gesellschaft einst zur heutigen Blüte führte, wieder zurückgewinnen.» Er konkretisiert: «Die guten Auswirkungen des christlichen Glaubens auf die Gesellschaft und deren Entwicklung sind nicht wegzudiskutieren. Unsere ganze Kultur basiert auf christlichen Werten. Die Kirchen haben entscheidende Arbeit geleistet. Christen müssen zurückerobern, was sie verloren haben.» Es sei indes tragisch, dass diese Werte immer mehr mit Füssen getreten werden. Viele Menschen würden von den Kirchen auch nicht für den Dienst an der Gesellschaft motiviert und ausgerüstet. Am wichtigsten sei es heute, dass sich Christen bewusst in der Wirtschaft engagierten. Aber auch in anderen Bereichen sieht Opprecht Handlungsbedarf: Das Engagement in der Politik oder in Regierungsgremien sei genauso wichtig wie die Wiedererstarkung im Bildungsbereich, der von den Kirchen über Jahrhunderte auf- und ausgebaut wurde. In der heutigen Zeit der Medienvielfalt sei es auch entscheidend, dass Christen die Kommunikation mit ihren Werten prägen und sich in Kunst und Unterhaltung einbrächten. Die Religion müsse wieder vermehrt salonfähig werden und die Förderung von Familien im Mittelpunkt stehen.

Mit Kurt Kammermann, dem langjährigen Leiter und Pastor des Vereins Quelle, verbindet Jürg Opprecht eine prägende Freundschaft. Aus einer Träumerei der beiden im Ferienhaus von Jürgs Eltern in Weggis ist viel herausgewachsen. Der ausgebildete Coach Kammermann ist es auch, der Benzli und Jürg in einer Ehekrise wieder helfen kann, Silberstreifen am Horizont zu sehen. Nicht alles läuft rund, aber man trägt sich gegenseitig. Auch im Rössli ganz allgemein: Man geht zusammen ein und aus und unterstützt sich. Kurt Kammermann sagt von sich: «Ich weiss nicht, wie viele Prozent ich Pastor oder Unternehmer bin. Beide sind in der Gesellschaft enorm wichtig.» Das gefällt Jürg Opprecht, denn er vermisst in kirchlichen Kreisen die beidseitige Orientierung: «Wir müssen in den Kirchen die Menschen für den Dienst an der Gesellschaft ausrüsten. Daran mangelt es leider noch vielerorts. Wir sind aufgefordert, in unserer Kultur von Neuem deutlich zu machen, dass Gott noch heute real ist, konkret wirkt und dass der christliche Glaube Lebenshalt und Sinn gibt. Opprecht ist überzeugt – und das zieht sich durch alle seine Projekte durch – dass, alles beginnt, wenn Führungskräfte in der Wirtschaft christliche Werte konsequent umsetzen.

Der Investor und der Pastor pflegen eine freundschaftliche Beziehung, die nicht in Abhängigkeit mündet. Und Investor Opprecht macht keinen Hehl daraus: «Das Haus hat den Zweck, Geld zu generieren für meine

Stiftung zur Förderung von Klein- und Mittelbetrieben in Entwicklungsländern. Ich habe offen kommuniziert, dass wir marktgerecht, fair und gewinnbringend funktionieren müssen.» Mit der Organisation hat Jürg Opprecht indes schon längst nichts mehr zu tun. Denn auch das Rössli Kehrsatz funktioniert nach dem Prinzip «Multiplikation durch Beziehung».

★★★

Um seine visionären Gedanken umzusetzen und um noch mehr Wirkung zu erzielen, sieht sich Jürg nach geeigneten Investitionsobjekten um. Ein Industrieareal beim Güterbahnhof in Bern nimmt ihn 1998 in seinen Bann, nachdem er von einem Bekannten darauf aufmerksam gemacht wird.

Kaufinteressenten gibt es für das heruntergekommene Areal kaum. Jürg gibt den Auftrag, um den Investitionsbedarf abzuklären. Riesige Summen zeichnen sich ab, denn die zukünftigen Nutzungen müssen garantieren, dass der historische Charakter des Industriegeländes bestehen bleibt. Verhandlungspoker. Vorerst geht es um ein Gebäude. In Verhandlungen offenbart dann der Verkäufer, dass das Gebäude nebenan auch noch zu haben wäre. Er ist froh, wenn er es loswird: drei Stöcke Industriehallen, die nur sehr beschränkt renoviert werden dürfen. Ausgerechnet dafür soll sich schon jemand interessieren. Jürg wird stutzig, recherchiert, wird fündig. Und siehe da: Das muss eine Fügung sein! Es stellt sich nämlich heraus, dass sich das Christliche Zentrum Forsthaus umsieht, um geeignete Räumlichkeiten für ein neues Versammlungslokal zu kaufen. «Wunderbar», denkt Jürg. Eins ergibt sich nach dem andern – denn: Er weiss auch von den Überlegungen der christlichen Freikirche Newlife, die ebenfalls Ausschau nach neuen Räumlichkeiten hält und mehr Platz für Kinder- und Familienarbeit braucht. Jahre später kommt Jürg mit der International Christian Fellowship (ICF) in Kontakt: Die aufstrebende, für ihre gut inszenierten Celebrations (Feiern, Bezeichnung des ICF für ihre Gottesdienste) bekannte junge Freikirche entwickelt sich besonders dynamisch und hat es satt, im Berner Hotel National den Saal jeden Sonntag einzurichten und zu räumen. Doch da stehen noch die Räumlichkeiten einer Gymnastik- und Tanzschule im Wege, die einen Stock im Gebäude bereits für ihre Bedürfnisse teilsaniert hat: Die Verantwortlichen haben die Renovationsarbeiten ohne Erfahrung komplett blauäugig angepackt und wurden völlig überrascht, als die Umbauten viel teurer zu stehen kamen als erwartet. Der Konkurs ist unvermeidbar – noch bevor getanzt und geturnt wird. Eigentlich hätten die Fachhochschule und die Universität von nebenan diese Gymnastikräume nutzen sollen. Das war dann wohl nichts. Und der obere Stock soll ebenso von der Uni genutzt werden können – als grösster Hörsaal.

Nun sieht Jürg seine Chance gekommen. Er will ein Zentrum realisieren, in dem verschiedene christliche Gemeinden nicht nur Gottesdienste feiern, sondern ihre Aktivitäten entwickeln können, um in der Gesellschaft Gutes zu bewirken. Die Vision eines Zentrums des christlichen Glaubens mitten im Alltag rückt in greifbare Nähe. Konkurrenz belebt den Markt, und – so ist Jürg überzeugt: «Freikirchen sollen Gemeinsamkeiten mehr betonen als ihre unterschiedlichen Ausrichtungen und in der Gesellschaft bewusst Verantwortung übernehmen.»

Dabei kommt auch die Wirtschaft nicht zu kurz: Trotz Konkurs des Gymnastik- und Tanzstudios müssen sich die Handwerker nicht alles ans Bein streichen, denn Jürg leitet nach umfangreichen Abklärungen in die Wege, dass beide Gebäude einer Nutzung zugeführt werden, die seiner Vision am besten entspricht. Die grösste Halle im dritten Stock sowie den zweiten Stock kauft der ICF, wobei die Stiftung Titus Unterstützung gewährt. Die Gymnastikräume können gut für die Kinderarbeit genutzt werden. Das Christliche Zentrum Forsthaus übernimmt das Erdgeschoss und wird von der Stiftung Titus ebenfalls mit einem Darlehen zu freundschaftlichen Konditionen unterstützt. Die neu renovierte, grosse ICF Celebration Hall (Gottesdiensthalle) dient unter der Woche der Uni zeitweise als grösster Hörsaal, und die Gymnastikräume werden ebenfalls an die Uni vermietet. Damit konnte das Interesse der Universität, dass ihr Betrieb ohne Beeinträchtigung weiterlaufen kann, gewahrt werden. «Newlife» mietet sich im anderen Gebäude bei der Stiftung Titus ein, wo ebenfalls die Büros der Stiftung BPN von Jürg Opprecht und die Administration der Fachhochschule untergebracht sind.

Das Areal beginnt zu blühen, wird von allen Besitzern weiterentwickelt – Uni, Fachhochschule, Stiftung Titus und die kirchlichen Organisationen ergänzen sich. «Newlife» öffnet die eigenen Gastronomie-Räumlichkeiten, das Fabrik-Bistro, auch unter der Woche teilweise für die Studentenschaft. Jürg freut sich, dass der einst von anderen Investoren geplante Einkaufs- und Wellnesspark nicht realisiert wurde, denn heute zeigt sich: «Wir alle ergänzen uns im Fabrikareal optimal und sorgen dafür, dass die Arealentwicklung sinnvoll weitergeht.» Kulturelle Institutionen profitieren in der Stadt von den Räumlichkeiten: Sie sind beliebt für Anlässe aller Art.

Das Areal der Fabrikstrasse strahlt in die Gesellschaft aus: aufbauend, bildend, sinnstiftend – vor allem im Dienst der Generation aufstrebender junger Menschen. Mission erfüllt, Ziel erreicht, Nachhaltigkeit gewährleistet.

Indes, weiss Jürg: Es muss weitergehen. Die Investitionen müssen sich auszahlen und die Aktivitäten bewähren. Nur so kann er dem Kopfschütteln gewisser Menschen begegnen und sie Lügen strafen: «Es gibt vermögende Leute, die nicht verstehen, dass man rund die Hälfte eines grossen Einkommens in die Förderung christlichen und gesellschaftlichen Engagements investieren kann. Wir machen das mit Freude. Wir wollen es auch nicht an die grosse Glocke hängen, aber wir wissen: Geben macht seliger denn nehmen.» Argwöhnische Blicke oder Bemerkungen nimmt Jürg Opprecht gelassen, zumal auch die Medien positiv aufnehmen, was er mit seinen Investitionen bewirkt: «Ich darf sagen, dass ich zu Journalisten immer einen sehr guten Draht gehabt habe. Viele Leute kennen mich aus den Medien. Sie machen sich daraus ein Bild. Damit muss ich leben.» Offenbar ist genau das interessant: Der Besitzer eines Fünfsternehotels engagiert sich in der Armutsbekämpfung und Wirtschaftsförderung in Entwicklungsländern sowie für die Verbreitung des christlichen Glaubens. Er macht keinen Hehl daraus, dass in allem Tun und Lassen die christlichen Grundwerte zum Erfolg in Wirtschaft und Gesellschaft beitragen.

Er macht keinen Hehl daraus, dass in allem Tun und Lassen die christlichen Grundwerte zum Erfolg in Wirtschaft und Gesellschaft beitragen.

Jürg Opprecht bringt seine persönlichen Erfahrungen mit der Gesellschaft und den Medien immer auch gerne mit Erfahrungen berühmter Persönlichkeiten und Journalisten auf den Punkt. So hat ihm ein Vortrag eines Journalisten und bekennenden Christen geholfen, der berichtete, wie seine Kollegen bei der New York Times immer vom bekannten Evangelisten Billy Graham begeistert gewesen seien. Dieser Journalist habe deshalb länger recherchiert, warum Billy Graham so einen guten Umgang mit Journalisten gehabt hat. Jürg weiss insbesondere noch drei Punkte, die er sich tief ins Herz geschrieben habe und die für viele Exponenten in Wirtschaft, Politik und Gesellschaft eine Lehre sein können: Erstens, gib dem Journalist so viel Zeit wie er will, nicht wie Du hast. Gib ihm zu verstehen, dass Du ihn aufrichtig magst und wertschätzest. So sei es auch gut herausgekommen, als ein kritischer Journalist über Jürg

Opprechts IT-Debakel schreiben wollte: «Ich lud ihn zum Essen im Lenkerhof ein, um genügend Zeit zu haben.» Daraus habe sich ein gutes Gespräch entwickelt: «Einen Tag später hat er angerufen und versprochen, dass er mich nicht in die Pfanne hauen werde», schmunzelt Jürg Opprecht, der das Schlimmste befürchtete. Den zweiten Punkt, den sich Jürg gemerkt hat: «Sag nie etwas, dass Du einmal zurücknehmen müsstest.» Drittens habe er gelernt, sich nicht herauszureden, wenn bei bekennenden Christen und Aushängeschildern Sachen passieren, die eigentlich in einer christlichen Umgebung nicht passieren sollten: «Es gibt einfach Momente, wo wir eingestehen müssen, dass gewisse Vorkommnisse nicht gut sind. Dafür kann ich mich auch stellvertretend entschuldigen und sagen, dass es mir Leid tut.» Als Jürg Opprecht in Amerika lebte, hat er manchmal die damals beliebte und legendäre Larry King Show mitverfolgt: «Einmal wurde ein Fernsehjournalist interviewt, der wegen Steuerhinterziehung eine Gefängnisstrafe absitzen musste.» Larry King habe sich nach einem prominenten Besuch im Knast erkundigt, worauf der Journalist von seiner Einsamkeit hinter Gittern erzählt und berichtet habe, dass er nicht schlecht gestaunt habe, als im Besuchszimmer Billy Graham sass, der ihn umarmt und gesagt habe: «You are not alone.» «Das zeigt die barmherzige Seite Billy Grahams, von der ich mir gerne ein Stück abschneide.»

Diese innere Haltung müsse sich im Leben durchziehen – bei allen Fehlern, die man selber immer wieder mache, ist Jürg Opprecht überzeugt: «Beim 10-Jahr-Jubiläum des Lenkerhofs habe ich mir überlegt, was ich sagen soll. Da habe ich mich für das Leitbild aus den Anfangszeiten entschieden. Ein entscheidender Merksatz dabei war, dass man die Mitarbeitenden lieben, nicht nur anständig behandeln soll. Offenbar hat das einzelne Gäste sogar zu Tränen gerührt, weil dieser Umgang in der Wirtschaft und vor allem in der Gastronomie alles andere als gewöhnlich ist.» Deshalb: «Es ist wichtig, dass wir rein menschlich einen Kontrapunkt setzen.»

In der Wirtschaft setzt Jürg Opprecht einen weiteren Gegenpol, nachdem er mehrere Male den Kongress christlicher Führungskräfte in Deutschland besucht hatte. Seine Aktivitäten in der Schweiz haben auch in Deutschland für Aufmerksamkeit gesorgt, weshalb er zu diesem Managementsymposium als Referent eingeladen wurde. Die deutschen Organisatoren haben Jürg immer wieder gefragt, warum wohl nur wenige aus der Schweiz an die Kongresse in Deutschland anreisen würden. Jürg mutmasste, dass die Schweizer andere Themen und Formen interessieren und nicht gerne so weit anreisen würden. Zusammen mit einigen Vertrauten hat er deshalb die Initiative ergriffen und entschieden, in der Schweiz 2012 erstmals einen ähnlichen Grossanlass auf die Beine zu stellen. Die Deutschen finden das gut, und man findet einen Turnus, mit dem man sich nicht gegenseitig konkurriert: «Wir haben abgemacht, dass wir freundschaftlich miteinander verbunden bleiben: Die Kongresse finden seither in den ungeraden Jahren in Deutschland, in den geraden Jahren in der Schweiz statt. Gegenseitig besuchen wir uns oder vermitteln einander Referenten. Es brauchte nicht einmal einen riesigen Effort, um ein Team zusammenzustellen. Das motivierte. Die Leute der ersten Stunden haben das von Grund auf sehr gut aufgebaut. Ich konnte mich auf Einsätze als Referent oder Interviewpartner auf dem Podium konzentrieren und habe das Patronatskomitee aufgebaut. Natürlich haben wir dabei auch gemerkt, wie es immer wieder ‹menschelet›: Wo viele Alphatiere mit ihren Kanten und Eigenheiten zusammenarbeiten, herrscht nicht immer eitel Freude», sagt Jürg Opprecht augenzwinkernd.

Der Aufbau des Forums christlicher Führungskräfte fällt bei Jürg in die schwere Zeit seiner ersten Krebserkrankung. Benzli, die als erste Person von seiner neuen Vision erfährt, unterstützt ihn. Aber er selber betet und ringt innerlich auch: «Herr, wie kannst Du einem Krebskranken jetzt noch so eine Last auflegen?» Und trotzdem erlebt er es sehr spannend beim Forum mitzuarbeiten: Er fühlt sich herausgefordert, zu einem guten Programm beitragen zu können, das Abwechslung bringt, oder klingende Namen für den Beginn und den Schluss des Kongresses zu vermitteln. Schon mehrere Male hat das Forum christlicher Führungskräfte Persönlichkeiten in Verantwortung angezogen. Das Team verändert sich, die Ziele bleiben dieselben, die Wirkung beginnt sich zu entfalten, das Netzwerk wird gefestigt. Was beweist: Investitionen und Innovationen brauchen in allen Gesellschaftsbereichen Ideen, Sinn für Realität, Gespür für Machbarkeit oder den richtigen Zeitpunkt und vor allem Menschen, die freigesetzt werden und beharrlich daran arbeiten.

> «Herr, wie kannst Du einem Krebskranken jetzt noch so eine Last auflegen?»

Lessons learned

Schuster bleib' bei deinem Leisten. Und wenn's mal schief läuft, gilt die Devise: niederfallen, aufstehen, Krone richten, weitergehen! Entscheidend dabei ist, dass eine Vision umsetzbar ist. Verfolge sie mit aller Konsequenz, lass dich durch Rückschläge nicht bremsen. Dabei soll es nicht das Ziel sein, möglichst viel Geld zu verdienen. Aber Geld kann das Resultat von Fleiss, Gründlichkeit, Beharrlichkeit und Professionalität sein!

«Keine versteckte Botschaft»: Das antwortet Jürg Opprecht, wenn man ihn nach der Bedeutung dieses Bilds fragt.

6. Zweimal Krebs und mehr – was nun?

Jürg und der Arzt

Jürg: *Wie lange habe ich noch zu leben?*
Arzt: *Schwierig zu sagen.*
Jürg: *Und etwas konkreter? Welche Zeitspanne ist realistisch?*
Arzt: *Ihre verbleibende Lebenserwartung dürfte zwischen sechs Monaten und zehn Jahren liegen.*
Jürg: *Und die Lebensqualität.*
Arzt: *Kommt drauf an.*
Jürg: *Und etwas konkreter?*
Arzt: *Versuchen Sie, das Beste daraus zu machen. Zeigen Sie Lebenswillen und geniessen Sie das Leben trotz Einschränkungen.*
Jürg: *Das werde ich machen, aber ich will mich nicht an die Gesundheit klammern.*

Jürg Opprecht ist scheinbar durch nichts zu bremsen. Er lebt sein volles Potenzial, plant die Zukunft. Die Viererbande der Teenager ist ausgeflogen. Die Stiftung Business Professionals Network (BPN) hat sich in den ersten Jahren prächtig entwickelt, der Lenkerhof trotzt auch wirtschaftlich schwierigen Zeiten. Zeit, die eigene Kreativität noch mehr zur Entfaltung bringen. Zeit, mit Benzli den nächsten Lebensabschnitt aufzugleisen. 2009 steht der Umzug vom Murtensee in die Berner Vorortsgemeinde Muri an. Jürg tut sich schwer, das Haus mit Seeanstoss zu verlassen, vor allem sein geliebtes Atelier mit Seeblick. Benzli will in der Nähe der Kinder und Grosskinder wohnen, und so tauschen sie das schöne Haus gegen eine Eigentumswohnung ein. Zum ersten Mal wird ihnen ein Stück Freiheit genommen, «indem wir uns über Veränderungen mit unseren Nachbarn einigen mussten», sagt Jürg mit einem Hauch Wehmut. Aber glücklicherweise stellt sich bald heraus, «dass wir äusserst nette Nachbarn haben!» Benzli leitet noch die Planung für ein paar grössere bauliche Veränderungen in die Wege.

Alles läuft rund. Die Vorfreude ist gross. Nur die lästigen Schulterschmerzen beeinträchtigen Jürg. Man wird ja auch nicht jünger: Nach umfangreichen Voruntersuchungen und erfolglosen Behandlungen mit Cortisonspritzen meldet der Hausarzt Jürg Opprecht für eine Magnetresonanz-Untersuchung an. Die Schulter wird «unter die Lupe» genommen.

Und dann, am Montag, 27. April 2009 der Befund: Tumor im Schulterblatt. Empfehlung für genauere Untersuchungen. Zur weiteren Behandlung wird Jürg bei einem Spezialisten für Schulterprobleme angemeldet. In der Nuklearmedizin des Berner Inselspitals sollen die Herde des Tumors eruiert werden. Eine Punktion des Schulterblattes wird im Lindenhofspital durchgeführt, um die Gut- oder Bösartigkeit des Tumors festzustellen: Es wird Flüssigkeit und Gewebe entnommen, indem eine Hohlnadel eingeführt wird. Jürg Opprecht: «Sehr schmerzhaft! Nun beginnt eine mehrtägige Wartezeit bis zur Diagnose. Das Warten kostet Kraft…» Schliesslich der Hammerschlag: Ein Schulterspezialist, eine absolute Koryphäe, teilt Jürg telefonisch mit, dass es sich beim Schulterproblem um einen bösartigen Tumor handelt. Die Maschinerie beginnt zu laufen: Zur weiteren Behandlung empfiehlt er ihm einen führenden Berner Onkologen und Krebsforscher.

«Erster Termin», schreibt Jürg scheinbar emotionslos in seinem «Tagebuch eines Krebskranken», in dem er seine Erfahrungen aufzeichnet, sich selbst und anderen Mut macht. Der Arzt erläutert ihm, dass es sich beim Tumor entweder um ein Plasmozytom oder um ein Multiples Myelom (MM) handelt. Das Plasmozyton wäre ein lokaler Tumor, der durch Bestrahlung behandelt werden könnte. Beim MM müsste eine Chemotherapie angewendet werden, weil die bösartigen Plasmazellen in diesem Fall schon in anderen Bereichen des Knochenmarks vorhanden sind: «Ich gewinne rasch Vertrauen zu diesem Arzt, der sowohl fachlich wie menschlich überzeugt, und hoffe.»

Um eine klare Diagnose zu bekommen, muss sich Jürg den Beckenknochen punktieren lassen. Wiederum schmerzhaft: Es wird Knochenmark herausgesaugt, und aus den Knochenmarkbröckeln kann der Zellgehalt beurteilt werden. Wiederum beginnt eine mehrtägige Wartezeit bis zur endgültigen Diagnose. Jürg Opprecht schiessen in dieser Zeit viele Gedanken durch den Kopf: «Etwas vom Wichtigsten

> **Jürg Opprecht schiessen in dieser Zeit viele Gedanken durch den Kopf: «Etwas vom Wichtigsten ist mir, alles gut zu regeln, um nicht Benzli und den Kindern unnötige Lasten zu hinterlassen.»**

ist mir, alles gut zu regeln, um nicht Benzli und den Kindern unnötige Lasten zu hinterlassen.»

Doch das Geschäft geht weiter: An einer Retraite der Stiftung BPN wird ein neuer CEO mit seinen Mitarbeitenden und seinen Aufgaben vertraut gemacht. Daneben nimmt sich das Team viel Zeit, um über Jürg Opprechts gesundheitliche Situation zu sprechen: «Das war für alle eine sehr gute Zeit. Es wurde offen über alles gesprochen.» Jürg Opprecht ist kein Mann der grossen Worte. Was für ihn zählt, sind die Resultate. Alles ist gut vorgespurt. Er fasst seine Gefühlslage zusammen: «Gute Zeit, über alles gesprochen.» Das muss genügen, auch als alle Beteiligten tiefgreifende Fragen zu wälzen beginnen. Das Leben und das Geschäft gehen weiter, bei BPN wie gewünscht, bei Jürg Opprecht wie geahnt – nicht wie erhofft.

Endlich ist es soweit: Benzli und Jürg haben einen Termin beim Onkologen. Er eröffnet ihnen die Diagnose: Es handelt sich um ein MM. Die bösartigen Zellen sind auch im Beckenknochen vorhanden. Ausserdem ist auf dem Röntgenbild im rechten Oberschenkel eine leichte Veränderung der Knochenstruktur erkennbar. Bad news.

Jürg lässt seine Freunde Anteil nehmen, schickt Ihnen in seiner bedrückten Stimmung eine E-Mail – kurz und trocken, ohne Emotionen, aber mit einem ermutigenden Schluss: «Gesundheitszustand Jürg Opprecht. – Seit einiger Zeit plagen mich Schmerzen an der linken Schulter. Vor etwa drei Wochen konsultierte ich meinen Hausarzt, der nach zwei erfolglosen Cortisonspritzen eine Magnetresonanztomographie veranlasste. Diese zeigte einen Tumor im Schulterblatt. Umfangreiche Detailuntersuchungen bei diversen Spezialisten führten nun zur Diagnose eines Multiplen Myeloms. Das ist eine Art Blutkrebs, die sich im Knochenmark manifestiert. Maligne (bösartige) Plasmazellen im Knochenmark zerstören Teile der Knochenstruktur und verdrängen die normale Blutbildung. Als Therapie schlägt mein behandelnder Arzt drei Phasen vor: Zuerst wird während einigen Wochen eine Cortisontherapie durchgeführt. Dann folgen während ein paar Monaten eine gut verträgliche Chemotherapie mit Velcade (per Infusion und mit Medikamenten), und anschliessend eine hochdosierte Chemotherapie mit Stammzellentransplantation. Bis zur Transplantation kann ich einen mehr oder weniger normalen Alltag führen. Die hochdosierte Chemotherapie zieht dann eine Rehabilitationsphase nach sich.»

So weit, so schlecht. Aber Jürg ist in seinem festen Glauben stark verankert. Im Vertrauen auf Gottes übernatürliches Wirken lässt er sich nicht unterkriegen und schreibt zitierend weiter: «Psalm 103 begleitet Benzli, die Kinder und mich in dieser Zeit. In den ersten Versen heisst es:

1 Ich will den Herrn von ganzem Herzen loben,
  alles in mir soll seinen heiligen Namen preisen!

2 Ich will den Herrn loben und nie vergessen,
  wieviel Gutes er mir getan hat.

3 Ja, er vergibt mir meine ganze Schuld
  und heilt mich von allen Krankheiten!

4 Er bewahrt mich vor dem sicheren Tod
  und schenkt mir das Leben neu.
  Seine Liebe und Güte umgeben mich allezeit.

5 Mein Leben lang gibt er mir Gutes im Überfluss,
  darum fühle ich mich jung und stark wie ein Adler.»

Einige Tage später. Termin beim Onkologen. Jürg nimmt die Medikamente für die Cortisontherapie in Empfang und wird instruiert, wie er sie anwenden muss. Der Patient fühlt sich getragen – von Gott und von den Menschen: Ein Freund aus Ägypten ruft an. Er ist in der Schweiz und möchte ihn besuchen. Da Jürg Zeit hat, treffen sie sich über Mittag. Sie verbringen eine sehr ermutigende Zeit. Am gleichen Abend besucht die ganze Familie ein Theaterstück. Das Leben muss weitergehen, und anschliessend fahren Benzli und Jürg über Auffahrt ins Tessin: «Wir geniessen die schönen Tage, chillen und arbeiten im Garten.»

Ende Mai fasst Jürg allen Mut zusammen und erzählt seiner Mutter, die schon seit vielen Jahren pflegedürftig ist, über seine Erkrankung: «Gott sei Dank nahm sie es mit Fassung auf.» Wenige Tage später beginnt die Prozedur. Wieder Termin im Lindenhofspital. Jürg Opprecht muss noch einige Tests machen, bevor seine Cortisontherapie startet. Die Schmerzmedikamente muss er absetzen, da sie sich mit dem Cortison möglicherweise nicht vertragen. Das führt vorübergehend zu stärkeren Schmerzen in Arm und Schulter, bis das Cortison seine Wirkung zeitigt. Abends sind Opprechts bei einem befreundeten Paar eingeladen: «Sie haben uns mit viel Liebe ein Znacht zubereitet. Wir können mit ihnen als langjährigen Freunden über alles reden – wie man eben mit guten Freunden redet.» – «Wie man eben mit guten Freunden redet» – mit diesem scheinbar banalen Satz fasst Jürg Opprecht tiefgreifende Gespräche immer wieder einmal zusammen. Was heisst das aber konkret? Diese Aussage hat es in sich, denn: Jürg Opprecht trifft sich nicht etwa häufig und wortgewaltig mit Freunden. Aber in der Zeit der Krankheit wird deutlich: Freunde sind nicht permanent da – sie sind da, wenn man sie braucht. Ihr Gebet gibt Jürg an diesem Abend Mut, Zuversicht und Kraft.

Der Tag danach: Das Cortison hat bisher als einzige Nebenwirkung eine leicht verminderte Konzentrationsfähigkeit bewirkt, «und ich wirke wohl etwas apathisch», sagt der Patient mit einem Augenzwinkern, innerlich wohl wissend, dass sich dieser Persönlichkeitszug einfach etwas akzentuiert hat. Aber klar ist: Jürg Opprecht ist am Leben interessiert. Er kämpft. Muss kämpfen. Innerlich gedrängt, von Gott gestärkt, von Menschen getragen.

Die unzähligen Reaktionen von Freunden und Bekannten berühren und ermutigen ihn: «Es ist ein grosses Privileg, so viele Freunde und Nahestehende zu haben, allen voran meine liebe Frau Benzli, die viel Rücksicht nimmt auf mich und mir eine grosse Stütze ist. Während ich schreibe, kommt mir gerade das Lied in den Sinn ‹Ich will in die Hand des Herrn fallen, denn seine Barmherzigkeit ist gross›. Welch eine Zuversicht spricht aus diesen Worten!»

Jürgs Liebe zur Kunst erfährt mitten im Leid neuen Auftrieb: Zusammen mit Benzli trifft er einen Künstler aus Deutschland, der ihnen 20 Bilder übergibt, die er eigens für Zimmer im Lenkerhof geschaffen hat. Der passionierte Maler ist überwältigt: «Unkonventionelle, frische Werke, wie sie eben zu diesem Hotel passen! Kunst ist für mich halt die schönste Nebensache der Welt!» Vielleicht sogar die Hauptsache? Jedenfalls beflügelt ihn nebst Gott und den Menschen auch die Kunst immer wieder von Neuem.

Er trifft sich mit seiner zweitjüngsten Schwester Renate zum Mittagessen: «Wir verbrachten eine sehr schöne Zeit, redeten über die Jahre, die hinter uns liegen, frischten Erinnerungen auf, sprachen über Leben und Sterben – vor allem aber über das Leben.» Dann fahren Opprechts wieder mal an die Lenk. Ein grosser Anlass steht bevor: «Ich will und muss im Hotel die Kunstausstellung koordinieren. Im Zusammenhang mit dem 10-Jahr-Jubiläum von BPN habe ich eine ganz spezielle Bildserie kreiert, die dem Thema Kirgisien gewidmet ist.»

Höhen und Tiefen folgen sich Schlag auf Schlag. Die nächsten Tage sind nicht die besten. Wenn Jürg Opprecht so etwas übrigens schreibt, ist es ganz schlimm. Nur: Seinem Umfeld lässt er oft lange nichts anmerken von inneren Schmerzen und Kämpfen. Cortisontherapie, wie es der Plan vorschreibt. Dann vier Tage Unterbruch, bevor sie wieder einsetzt. Die Schmerzen nehmen wieder zu. Geduld ist angesagt! Und genau in diesen Wochen schickt sich das Ehepaar an, quasi «gleitend» von Faoug (dieses 800-Seelen-Dorf am Südufer des romantischen Murtensees gibt es tatsächlich…) nach Muri bei Bern umzuziehen. Wenigstens keine Hektik. Jürg schätzt das in seinem kritischen Zustand. Und doch freut er sich, denn er hat ja immer die Zukunft vor Augen, die er sich gedanklich schon in vielen Farben malt. Genauso will er den Moment festhalten: Von seinen vier Kindern hat er zum Geburtstag ein Familien-Fotoshooting erhalten. Alle fahren zusammen an den Wohlensee, um eine schöne Hintergrundszenerie zu haben, und schiessen dort mit einem Fotografen Hunderte von Bildern.

Schnell hat Jürg Opprecht aber auch wieder das Business im Blickfeld: Die Vorbereitungen für die Feierlichkeiten des 10-Jahr-Jubiläums von BPN laufen im Jahr 2009 auf Hochtouren. Die Delegationen aus den drei Ländern werden in den nächsten Tagen eintreffen. Der grosse Showdown hat begonnen. Opprecht hofft auf schmerzfreie Tage während der Feierlichkeiten.

Der grosse Showdown hat begonnen. Opprecht hofft auf schmerzfreie Tage während der Feierlichkeiten.

Aber zuvor setzt die Cortisontherapie wieder ein. Hardcore: «Bevor ich die acht Tabletten schlucke, muss ich zum Schutz des Magens ein entsprechendes Präparat nehmen. Da Cortison die Widerstandsfähigkeit beeinträchtigt, muss ich gleichzeitig auch noch ein Antibiotikum nehmen.» Und doch: Es folgt ein guter Tag: «Konnte den ganzen Tag praktisch schmerzfrei arbeiten. Dazwischen immer wieder E-Mails, Briefe, Telefonate von lieben Freunden.» Und: «Das BPN-Fest naht. Das ganze BPN-Team fiebert auf diese Tage hin. Grossartig!»

Endlich: Festakt und VIP-Jubiläumswochenende in Lenkerhof. Ein sehr gelungenes Fest mit etwa 120 begeisterten Gästen, Delegationen aus Kirgisien, Nicaragua, Benin sowie anderen Ländern, wo Jürg Opprecht entscheidende Impulse ausgelöst hat. Die Modeschau mit Dilbar, «einer BPN-Unternehmerin der ersten Stunde» freut ihn besonders. Eindrücklich, ein Höhepunkt mit bezaubernden Kleidern, getragen von wunderschönen Models aus Kirgisien und der Schweiz. Eine wahre Augenweide.

Gesundheitlich und moralisch geht es Jürg gut. Er geniesst das Jubiläumswochenende in vollen Zügen. Umso mehr freut ihn die positive Presse in den Regionalmedien nach der Feier. Aber es geht weiter: Einige Tage später feiert BPN in Aarau mit nochmals mehr als 220 Gästen. Jürg ist mächtig stolz auf sein BPN-Team und kehrt erst frühmorgens nach Hause zurück. Emotionen und Begegnungen mit Freunden und Partnern bleiben in bester Erinnerung.

Immer wieder aber ist es für Jürg Opprecht Zeit, in sich zu gehen. Sein Umfeld ermutigt ihn dazu: Wiederum wird er – vorab von Pfarrern und Pastoren – eingeladen, um für sich beten zu lassen. Es sind drei intensive Stunden. Und wieder sagt Jürg: «Wir reden zusammen, wie man eben unter guten Freunden redet. Ermutigung, Glaube und Gebet ziehen sich wie ein roter Faden durch die gemeinsame Zeit.» Und durch seine Krankheitszeit.

Benzli und Jürg beim Onkologen. Bald ist die Cortisontherapie abgeschlossen. Der Arzt empfiehlt eine Medikamentenpause von einer Woche. Und prompt: Das «Cortisonloch»... Aufgrund der Zufuhr der hohen Cortisondosis von aussen produziert der Körper vorübergehend kein eigenes Cortison mehr. Das schlägt auf die Moral. Aber nach zwei Tagen hat sich das wieder normalisiert. Jürg Opprecht liest ein Büchlein, das ihm jemand geschenkt hat: «Dein Anteil an deiner Heilung» von Billy B. Smith. Ausserordentlich ermutigend und herausfordernd ist für ihn die Erkenntnis: Heilung ist keine passive Haltung, sondern ein aktives Ausstrecken nach Gottes Eingreifen!

Männerabend! In allen gesundheitlichen und psychischen Herausforderungen geniesst es der Familienvater, wieder einmal mit seinem Sohn Jon auszugehen. Bei vertrauten Gesprächen von Mann zu Mann geniessen sie ihren geliebten Thaifood. Dann geht's ins Kino. Jürg ist froh, dass er sich von einem spannenden Streifen ablenken lassen kann. Resümee, kurz und trocken: «Ein super Abend. Ich bin stolz auf meinen Sohn – übrigens auch auf meine drei Töchter.» Ob er es Jon an diesem Abend auch persönlich gesagt hat?

Doch plötzlich wieder starke Schmerzen. Diesmal im linken Bein. Zuerst vermutet der Arzt eine Thrombose, was sich nicht bestätigt. Ein weiteres

MRI («Magnet Resonance Imaging», Magnetresonanz-Bild) zeigt, dass durch die Krankheit ein Wirbel geschwächt wurde und so ein Nerv den Schmerz auslöst.

Tags darauf. Ein guter Tag! Der Schmerz ist weg! Jürg geht für eine Stunde ins Büro, wo er seine treuen Mitarbeiter trifft. Er erledigt das Wichtigste und weiss, dass im Büro auch ohne ihn alles in guten Bahnen läuft: «Gute Mitarbeitende sind ein Geschenk Gottes!» Und immer wieder freut er sich über Anrufe, Briefe oder Mails von lieben Freunden, die Anteil nehmen. Erstaunlich, aber es geht ihm «sehr, sehr gut».

Einen Monat nach dem Beginn der Therapie fährt Jürg für einige Tage nach Minusio ins Tessin. Benzli ist noch sehr damit beschäftigt, die neue Eigentumswohnung in Muri einzurichten. Die vier Tage bescheren ihm meist herrliches Sommerwetter. Gesundheitlich geht es ihm ausgezeichnet, sodass er etwas im Garten arbeiten kann. Und: Billy Smith hat es ihm angetan. Er hörte einen Beitrag der Billy Smith Ministries zum Thema «Gesundheit ist ein Geschenk Gottes»: «Einer der ermutigendsten Impulse, die ich in den letzten Jahren gehört habe. Eigentlich liest der Redner alle Bibeltexte über Heilungen von Jesus, von denen die vier Evangelien berichten. Dabei fällt auf, dass Jesus immer aufgrund des Willens des Kranken gehandelt hat.»

Zurück im Alltag. Sogar im Büro. Dann wieder einmal ein Mittagessen mit einem Freund: «Schöne Stunden mit köstlichem Essen.» Jürg geniesst es, vielleicht auch, weil er ahnt, dass es anders kommen könnte. Dann geht's ab in die erste Session der nun beginnenden Chemotherapie. Er scheint die Therapie gut zu vertragen. Die Schmerzen in der Schulter haben bereits nachgelassen, die prognostizierte Müdigkeit hat sich noch nicht eingestellt. Ein super Tag! Benzli und Jürg haben sich zudem für ein Gesundheitscoaching entschieden – bei ihrer jüngsten Tochter Adina, die eine vierjährige Ausbildung auf diesem Gebiet macht. Nur schon die erste Stunde erleben sie erfrischend und abwechslungsreich.

Dazwischen wieder Besuche von Freunden, zum Beispiel aus Kalifornien. Ein weiteres erbauendes Treffen. Dann die Geburtstagsfeier von Tochter Noëlle: «Es ist herrlich, wieder einmal die ganze Familie zusammen zu haben! Nur der sonst immer zufriedenen und strahlenden Enkelin Aimee gefällt es gar nicht in diesem japanischen Restaurant, obwohl das Essen ausgezeichnet schmeckt.» Und dann der nächste Chemo-Cocktail: «Mein Arzt ist mit mir – und ich mit ihm – zufrieden.»

Die kommenden Chemo-Infusionen werden schon fast zur Routine. Gar nicht Alltagstrott ist hingegen der nächste grosse Tag für Jürg mit BPN: Eine grössere kirgisische Regierungsdelegation weilt für drei Tage in der Schweiz. Die Entourage des Premierministers trifft Bundespräsident Merz, Aussenministerin Calmy-Rey und Vertreter des Staatssekretariats für Wirtschaft. Zusätzlich will Premierminister Igor Chudinov Verantwortliche von BPN treffen. Jürg Opprecht und seine Crew sind zu einer Minikonferenz ins Bellevue Palace in Bern eingeladen. Während etwa zwei Stunden stellen sie BPN vor. Die kirgisische Delegation präsentiert Investitionsmöglichkeiten in Kirgisien. Insgesamt sind etwa 60 Besucher dabei, darunter etwa 40 Personen von der kirgisischen Delegation sowie 20 Personen von BPN, wovon etwa zehn BPN-Investoren: «Ein alles in allem sehr gelungener Anlass. Wir versprechen uns weitere Kontakte auf oberster Ebene und hoffen auf Erleichterungen in der Arbeit für BPN und unsere Unternehmer in diesem Land.» Wie sich herausstellt, ist die Zusammenarbeit nachhaltig: «Seither haben wir von der Regierung immer wieder Unterstützung und Anerkennung erhalten. Leider ist es aber auch in Kirgisien so, dass Minister, und auch der Premierminister, häufig wechseln. Kaum hat man einen neuen Kontakt geknüpft, hat man schon wieder ein neues Gegenüber.» Beim nächsten Besuch in Kirgistan ist prompt bereits wieder ein anderer Premier im Amt – das Team lässt sich von seinen Bemühungen jedoch nicht abhalten – indes: «Es macht einen auch müde, wenn man bei vielem in diesen Ländern wieder von vorne anfangen muss und sich nicht verlässlich und längerfristig auf solche wohlwollenden Beziehungen stützen kann.»

Jürg kann es nicht lassen und schenkt dem Premier ein Schweizer Hightech-Taschenmesser. Er erläutert den symbolischen Wert: In Ländern wie der Schweiz und Kirgisien, die wenig eigene Rohstoffe haben, heisst die Devise Wertschöpfung. Die Technologie im Taschenmesser sei ein gutes Beispiel dafür. Glücklicherweise weiss er aber, dass die Schenkung eines Messers in Kirgisien einen ganz anderen symbolischen Wert hat: Man hält dem Beschenkten quasi das Messer an den Hals. Um die Bedrohung abzuwenden, muss er einen bestimmten Geldbetrag zahlen. «Trotzdem erlaubte ich mir den Spass. Prompt lachte der Premier und übergab mir einen Fünfliber. Gottseidank wurde es mit Klatschen und Gelächter aufgenommen. Wäre ich Diplomat, so wäre das schief gegangen.»

Jürg Opprecht erhält vom früheren Premier Chudinov einen wunderschönen, handgefertigten kirgisischen Mantel: «Ich warte noch immer auf eine adäquate Gelegenheit, um ihn zu tragen.» Das ist bis jetzt noch nicht eingetroffen – ausser im Rahmen des Fototermins für dieses Buch. Aber als Erinnerung ist er ihm wertvoll – umso mehr, als der Mantel weiss ist, während ihn die Kirgisier normalerweise in schwarz tragen.

Dann gibt es aber auch wieder «one of these days», wie Jürg zu sagen pflegt: einen Tag mit vielen Terminen. Ein platter Pneu, ein verpasster Termin, eine nicht gefundene Adresse stellen die Nerven auf die Probe. Doch dann verläuft wenigstens die nächste Chemotherapie erneut plangemäss. Ein Geschenk, das Jürg dankbar annimmt. Geschenkt sind auch die paar Sommertage in der Schweizer Sonnenstube nach diesen bewegten Wochen. Auch Benzlis Mutter, die in Minusio wohnt, freut sich über den Besuch.

Dann wieder einmal eine Woche Chemotherapie-Pause, aber keine Schaffenspause – vielmehr erwacht im Krebspatienten neuer Schaffensdrang.

Er will malen, kann aber nicht. Die Kreativität ist verloren gegangen. Jürg denkt sich: «Ich kann ja nicht den ganzen Tag herumliegen.» Er hat lange nicht gemalt, erinnert sich aber wieder an die Zeit zurück, als er vor rund einem Jahrzehnt wieder mit Malen begonnen hat. Damals war es ein Versuch, einen Zeitvertrieb zu finden, wenn er einmal pensioniert sein sollte. Die Idee war gar nicht so schlecht und beginnt Jürg von Neuem zu faszinieren. «Das war damals offenbar eine langfristige Strategie», scherzt er im Rückblick, nachdem bereits wieder Dutzende von Gemälden entstanden sind.

Die Woche ist gedrängt. Es folgt eine Verwaltungsratssitzung im Lenkerhof. Das Team ist stolz: Mitten im Sommer blickt es auf eine sehr erfreuliche Wintersaison zurück. Der Hotelier ist stolz, auch wenn er weiss, dass diesen Sommer 2009 die Wirtschaftskrise in seinem Fünfsternehotel wie ein Krebsgeschwür um sich zu greifen droht. Aber persönlich wie geschäftlich lässt sich Jürg Opprecht nicht unterkriegen.

Sein Freund und Pastor, Kurt Kammermann, lädt ihn zum Nachtessen ein. Jugendlicher Tatendrang erwacht in den Gesprächen neu und bei einem Thriller im Kino schiesst Adrenalin und neuer Kick fürs Leben in die Adern der beiden: Es verbindet sie heute umso mehr ihre Abenteuerlust, ihr innerstes Bedürfnis, Gott zu dienen, ohne dabei weltfremd zu werden. Die Krankheit stellt manches auf die Probe, was sie einst so flockig dahingesagt haben. Die Krankheit ist aber auch Prüfstein: Hält eine

Person oder eine Beziehung zu einem Menschen, ja sogar die Beziehung zu Gott, so eine Belastung aus? Oder vermag sie das Leben gar zu stärken? Nicht nur der Streifen im Lichtspielhaus wird zum Thriller – Licht und Schatten: Das ganze Leben ist an Spannung nicht zu überbieten, manchmal kaum auszuhalten. Und doch, so paradox es tönt: Jürg scheint es irgendwie auch zu geniessen. Innerlich weiss er: Ich werde gesund. Ich weiss zwar nicht, wie viele Jahre mir Gott noch gönnt, aber ich werde dem Teufel von der Schippe springen.

> **Das ganze Leben ist an Spannung nicht zu überbieten, manchmal kaum auszuhalten.**

Das wird auch an der ganztägigen Stiftungsratssitzung von BPN deutlich. Das Team blickt zufrieden auf die positiven Jubiläumsanlässe zurück und fällt einige wichtige Entscheide.

Bevor die Chemotherapie wieder losgeht, gönnt sich der Krebspatient aber doch ein geruhsames Wochenende im Kreis seiner Familie und nimmt sich Zeit für sich. Er erinnert sich: «Ich war herausgefordert und fühlte mich dennoch geborgen. Es gab ja eine lange Liste möglicher Nebenwirkungen. Welche werden sich bei mir zeigen? Der Arzt riet mir zu tun, was mir Freude bereitet. Das machte ich denn auch und begann im neu eingerichteten Atelier in Muri, wieder mit Begeisterung und Leidenschaft zu malen. Das Atelier wurde zu einem inspirierenden und beruhigenden, Kraft spendenden Rückzugsort. Interessanterweise werden die Bilder bunter, was in den vergangenen Jahren immer mehr Leuten aufgefallen ist – mir selber nicht einmal so sehr, aber diese Feststellungen wurden zu eigentlichen Ermutigungen.»

Gleich nach der Chemotherapie geht es zum Interview mit dem Tages-Anzeiger: Die Medien in der Schweiz haben mittlerweile entdeckt, was für eine spannungsgeladene und Spannung versprechende Persönlichkeit der Hotelier und Wirtschaftsförderer in der Entwicklungszusammenarbeit ist. Und immer wieder mal Kino – das geniesst er zum Abschalten: diesmal mit Benzli, der jüngsten Tochter Adina und ihrem Freund.

> **Die Medien in der Schweiz haben mittlerweile entdeckt, was für eine spannungsgeladene und Spannung versprechende Persönlichkeit der Hotelier und Wirtschaftsförderer in der Entwicklungszusammenarbeit ist.**

Zwischendurch gibt es immer wieder ganz normale Tage ohne viel Hektik, ohne Chemotherapie, ohne Programm. Dafür Schreibtischarbeit und etwas durchatmen bei der Arbeit. Jürg gibt das nicht gerne zu, aber auch er braucht das. Gespannt wartet er zudem auf das nächste Treffen mit dem Onkologen. Ob die Chemo wohl anschlägt?

Und ob! Der Arzt ist sehr zufrieden mit dem Verlauf. Wenige Nebenwirkungen. Die Blutwerte sind ziemlich stabil. Das ist gut und bedeutet, dass die Organe die Therapie gut verkraften. Es hätte auch anders kommen können. Dankbarkeit den Spezialisten und Gott gegenüber erfüllt das Herz.

Immer wieder mal ein gemeinsames Essen mit Freunden: Benzli und Jürg schätzen das enorm. Es tut gut, sich in diesem Rahmen ungezwungen und authentisch auszutauschen. Langsam aber sicher beginnt sich Jürg auch an der Bewegungstherapie mit seiner Tochter Adina zu freuen. Es tut gut und macht Mut. «Good job», sagt er. Einen guten Job macht derweil auch sein Gott. Ein Vers aus der Bibel macht ihm Mut. Er steht in Sprüche 17,22: «Ein fröhliches Herz bringt gute Besserung, aber ein zerschlagener Geist vertrocknet das Gebein.» Jürg möchte das noch viel bewusster leben, denn er weiss innerlich: Mit Gott ist nichts unmöglich, und der Vater im Himmel möchte, dass er kämpft, sich nicht aufgibt. Er hat auch nicht versprochen, dass das Leben als Christ nur ein Spaziergang auf der Sonnenseite des Lebens ist, aber dass er in dunklen Zeiten durchträgt. Das ist die tiefe Überzeugung von Jürg Opprecht. Nach einigen Tagen mit Sonnenschein im Tessin – zusammen mit Tochter Noëlle, ihrem Mann Stefan und Enkeltochter Aimee – und mit Sonnenschein im Herzen trägt sie ihn auch durch, als sich nach der nächsten Chemotherapie Nebenwirkungen bemerkbar machen: Übelkeit, Bauchschmerzen, Schwindel, Schwäche. Das hält dann mehrere Tage an. Einige Tage lang wähnt sich Jürg Opprecht wirklich im dunklen Tal: Anhaltende Übelkeit, Müdigkeit und Appetitlosigkeit drücken auf die Moral.

Dann wieder eine dieser kleinen Freuden eines Menschen, der sich einer hochdosierten Chemotherapie mit Stammzellentransplantation unterzieht, die zu etwas Fantastischem wird: «Wochen später gehe ich mit meiner Tochter Naomi zu Ikea, um einige Einkäufe zu tätigen, und ich erlebe dort das Highlight der Woche. Ich geniesse einen Hotdog und ein Coke! Seit vielen Wochen die erste Mahlzeit, die schmeckt! Man wird eben bescheiden in seinen Ansprüchen, und so dankbar für jede kleine Freude. Oft dachte ich in dieser Woche, in der es mir so schlecht ging, an Jesus im

Garten Gethsemane, als er seinen himmlischen Vater bat, dass der bittere Kelch des Leidens an ihm vorübergehen möge.»

Wieder einmal ein Lichtblick zwischendurch ist Benzlis Geburtstag: Die ganze Familie feiert bei einem mongolischen Nachtessen. Dabei wird Jürg klar: «Sie ist so eine Perle in dieser Zeit!» Die Perle leidet mit.

Mit letzter Kraft bringt Jürg seine Bilder nach Payerne an die ArtPosition, wo er mit etwa 100 anderen Künstlerinnen und Künstlern an einer Ausstellung teilnimmt. Drei Tage höchster Anspannung: Wie kommen die Bilder an? Aber vor allem: Wie geht das mit den unsäglichen Beschwerden weiter?

Dann, knapp zwei Wochen später, meldet sich Benzli über den Blog von Jürg: «Liebe Freunde, seit einigen Wochen fühlt sich Jürg zunehmend schlechter. Er findet den Schlaf nicht, und leidet körperlich und psychisch an den Nebenwirkungen der Therapie. Er und wir, seine Familie, schätzen eure Gebete sehr in dieser schwierigen Zeit.»

Nach einer Woche rappelt sich der geschwächte und geprüfte bald 60-Jährige auf: «Das war keine einfache Woche. Nachdem ich während etwa sechs langen Tagen und langen Nächten mit etwa einer bis anderthalb Stunden Schlaf durchlebte und völlig erschöpft war, entschieden wir mit dem Arzt, geeignete Medikamente auszuprobieren. Dazu war eine viertägige Hospitalisierung erforderlich. Gestern Freitag wurde ich aus dem Spital entlassen. Heute ist Samstag, der 21. August 2009, und ich habe in den vergangenen Nächten wieder (fast) ausreichend Schlaf gehabt. Ich möchte euch allen danken für eure Anteilnahme und Gebete. Gestern betete ein Pastor aus Uganda – via Telefon – mit mir. Er ermutigte mich mit Vers 15 aus Psalm 50: ‹Wenn du keinen Ausweg mehr siehst, dann rufe mich zu Hilfe! Ich will dich retten, und du sollst mich preisen.› Das ist wahr, in solchen Zeiten der Ungewissheit, gibt es nur einen sicheren Zufluchtsort, und das ist Gott, der Vater!»

In den folgenden Nächten schläft Jürg Opprecht recht gut. Hin und wieder geht er sogar ins Büro, um das Dringendste zu erledigen. Trotz der vielen Zwangspausen und Rückschläge beginnt die Kreativität in ihm erneut zu wachsen. So nimmt er sich auch erstmals Zeit, um sein neues Atelier in Muri bei Bern einzurichten. Das Atelier liegt ganz in der Nähe der neuen Wohnung. Es soll in Zukunft Raum für die persönliche Entfaltung und Vertiefung bieten, aber auch Raum für kleinere Ausstellungen oder Besprechungen. Jürg packt aber alles sehr behutsam an. Er wird geradezu dazu gezwungen, denn die Chemotherapie hat seine Reaktionsfähigkeit und die Konzentrationsfähigkeit beeinträchtigt. Für ihn ist das schwierig. Er, der immer auf Achse ist, immer neue Gedanken spinnt, Visionen entwickelt, vorausdenkt und vorangeht – er muss plötzlich ein paar Gänge zurückschalten. Das ist eine enorme Belastung. Er behält vieles für sich. Aber für seine Familie ist das nicht übersehbar. «Kommt alles zurück», ermutigt ihn der Arzt.

Ende August hat er den ersten Termin mit dem Spezialisten, der die bald anstehende, hoch dosierte Chemotherapie mit anschliessender Stammzellentransplantation durchführt. Ein Arzttermin jagt den anderen. Bei fast allen Arztterminen ist Benzli dabei. Sie lassen sich zu Beginn eingehend über den Ablauf dieses Verfahrens und dessen Nebenwirkungen aufklären. Jürg ist innerlich aufgewühlt: Was ist, wenn es noch schlimmer kommt? Was ist, wenn alles umsonst ist? All die Qualen? Will ich das wirklich? – Ja, er will: Nach kurzem Nachdenken und ermutigenden Gesprächen mit Benzli weiss er und erinnert er sich: Gott ist sein Zufluchtsort – und: «Ein fröhliches Herz bringt gute Besserung, aber ein zerschlagener Geist vertrocknet das Gebein.» Schliesslich machen sie Nägel mit Köpfen: Am 22. September muss er für drei Wochen «einrücken».

Dann folgt ein Gespräch mit einer Psychoonkologin. Sie hat jahrelange Erfahrung in der Begleitung von Krebspatienten. Jürg merkt, wie wichtig es trotz allen Gottvertrauens ist, dass man professionelle Hilfe in Anspruch nimmt. Er ist überzeugt: Das riesige Fachwissen, die hoch entwickelte Medizintechnologie und die breite Erfahrung hat Gott solchen Menschen geschenkt, damit sie in den Dienst anderer Menschen stellen können. Auch Benzli braucht diese professionelle Begleitung. Es wird immer deutlicher: Es gibt mindestens zwei Betroffene bei einer solchen Krankheit – der Patient und der Mensch, der ihm am nächsten steht.

Es gibt Zeiten im Leben, da wird Jürg gerade angesichts von Schwierigkeiten – oder vielleicht gar trotz der Schwierigkeiten? – übermütig. Der jugendliche Tatendrang erwächst in ihm immer wieder neu, auch in kleinen Sachen, die ihm manchmal zum Verhängnis werden. In seinem Blog schreibt er selber mit einem Hauch von «selber schuld» …: «Am Wochenende wollte ich in mein Malatelier fahren. Dazu nahm ich ein Trottinett, eines dieser kleinen, zusammenlegbaren Dinger.» Kickboard nennt man diese Dinger übrigens heute – erstaunlich, dass Jürg da den «alten Begriff» verwendet… «Anyway», würde Jürg sagen: «Als es dann etwas bergab ging, wollte ich bremsen – dann kam ich erst wieder im Spital zum Bewusstsein. Dazwischen hatte ich eine Gedächtnislücke. Was war dazwischen geschehen? Ich muss beim Bremsen gestürzt sein, und ich stürzte kopfvoran auf den Randstein. Ein Nachbar sah dies, holte Benzli und liess sofort die Ambulanz kommen, die mich ins Inselspital brachte. Dort wurde ich an vier Stellen im Gesicht genäht, und es wurde ein Nasenbeinbruch festgestellt. Sieht man die Wunden rund ums Auge, so darf ich dankbar sein, dass das Auge nicht in Mitleidenschaft gezogen wurde! Bei der Konsultation des Onkologen am Montag entschieden wir, die hochdosierte Chemotherapie um eine Woche zu verschieben, damit ich erholt von diesen zusätzlichen Strapazen in diese herausfordernde Therapie gehen kann.» Ob Jürg seine Lehren daraus gezogen hat? Die Zukunft wird es weisen, aber jedenfalls liegt es bei ihm in der Natur der Sache, dass er lieber einen Schritt zu weit geht als gar keinen…

All seine vielen Bekannten auf der ganzen Welt sind wohl fast mehr geschockt als Jürg selber: Auch das noch! Sie melden sich zuhauf: In Briefen, E-Mails und per Telefon erkundigen sie sich, sorgen sich, aber ermutigen ihn auch: «Ich bin berührt über die überaus grosse Anteilnahme, die vielen Gebete und Ermutigungen aus der ganzen Welt! Gleichzeitig bitte ich um Verständnis, wenn ich nicht jede Zuschrift beantworten kann. Vielen Dank!» Wen wundert's: Diese Zeit war ziemlich anstrengend. Er musste den Unfall verkraften und die Wunden heilen lassen. Dies geschah zum Glück sehr schnell. Am meisten nervt und behindert ihn, dass seine Brille beim Kickboard-Sturz in die Brüche ging. Bis er die neue Brille erhält kann er kaum lesen und schreiben. Vielleicht gar nicht so schlecht – wieder mal eine dieser Zwangspausen für den unermüdlichen Schaffer. Das ist jetzt auch wichtig – gewissermassen die Ruhe vor dem grossen Sturm.

Vielleicht gar nicht so schlecht – wieder mal eine dieser Zwangspausen für den unermüdlichen Schaffer. Das ist jetzt auch wichtig – gewissermassen die Ruhe vor dem grossen Sturm.

Das ganze Hochdosis-Programm wird zwar wie geplant um eine Woche verschoben. Aber die wesentlichen nächsten Schritte werden schon bald eingeleitet: Es folgt die Stammzellenentnahme. Sein Blutkreislauf wird an eine Art Zentrifuge angeschlossen, wodurch die guten von den bösartigen Zellen getrennt werden. Der gesunde Teil wird dann tiefgefroren. Einen Tag später – nach der ersten Hochdosis-Chemo – werden die gesunden Zellen wieder in den Kreislauf gebracht. Welche Auswirkungen wird das nun aber auf den Lebenslauf von Jürg Opprecht haben?

Ein paar Tage vor seinem alles entscheidenden Spitalaufenthalt erhält Jürg von lieben Freunden ein Buch mit Lebensweisheiten. Er spürt, es ist aufrichtige Anteilnahme, aufrichtiges Aufrichten – nicht plumpes Mitleid oder die Haltung «Kopf hoch, das kommt schon gut». Das Ungewisse spielt immer mit, auch wenn Gott trägt. Eine Lebensweisheit hat Jürg in dieser Zeit besonders angesprochen – sie stammt von Leo N. Tolstoi:

Man muss so leben,
als habe man nur noch eine Stunde Zeit und
könne nur das Allerwichtigste erledigen.
Und gleichzeitig so, als werde man das,
was man tut, bis in alle Ewigkeit fortsetzen.

Genau, das ist es! Immer die Endlichkeit vor Augen, aber immer die Ewigkeit im Blickfeld.

Einen Hauch von Ewigkeit spürt Jürg bald: Bei der Entnahme der Stammzellen erlebt er etwas Grossartiges. Er muss sich eine Spritze machen lassen. Sie soll bewirken, dass die Stammzellen aus dem Knochenmark «gelockt» werden und in die Blutzirkulation gelangen. Genial, denkt er, wie die Technologie funktioniert! Der Arzt erklärt ihm, dass pro Milliliter Blut mindestens 20 000 Stammzellen vorhanden sein müssten, da sonst die Entnahme zu lange dauern würde. Ganz schön viel, sinniert er, und kann sich das irgendwie gar nicht vorstellen. Ob es wohl klappt? Er wartet ungeduldig, auch wenn es nur ein paar Stunden dauert, bis die Resultate vorliegen. Der Befund ist überwältigend: In seinem Blut zählen die Ärzte 265 000 Stammzellen pro Milliliter! Die Leute vom Fachpersonal sagen, so etwas hätten sie noch nie gesehen. Jürg fühlt sich gestärkt. Im Zeitraum von eindreiviertel Stunden wurde das Vierfache der notwendigen Stammzellen gewonnen. Andere Patienten müssen bis zu zwei Tagen an der Apparatur hängen, damit genügend Stammzellen generiert werden können. «Das war für mich ein Highlight, und das ist das erste Zeichen auf die vielen Gebete, die vor den Thron Gottes kamen. Vielen Dank!»

Schon am 17. Oktober ist Jürg wieder zu Hause. Eine Erleichterung. Zurück aus dem Spital! Es war eine gute Zeit mit guten Ergebnissen – aber zu seinem Lieblingsort wurde das Krankenhaus dann doch nicht, auch wenn ihm das Personal im Inselspital quasi jeden Wunsch von den Lippen abgelesen hat. Er schätzte die hoch professionelle Arbeit und den sehr freundlichen Umgang. Die Blutwerte haben sich rascher als erwartet erholt. Viele haben mit ihm und Benzli gefiebert und gebetet, dass die Nebenwirkungen erträglich sein mögen. Überwältigend: Er konnte ausgezeichnet schlafen und es war ihm praktisch nie übel. Die einzigen nennenswerten Nebenwirkungen waren ein Pilz im Mund, eine Entzündung im Darm und Fieber.

Nun beginnt die Reha-Zeit: «Wir entschieden uns, die Zeit der Erholung bei uns zu Hause durchzuführen. Dazu gehörte Musik, ich hörte Predigten, schaute fern, genoss die Bewegung auf kurzen Spaziergängen an der frischen Luft. Hin und wieder bereicherten Besuche den Tag. Mit Benzli hatte ich eine liebevolle Begleiterin.» Jürg Opprecht fühlt sich jedoch noch sehr schwach auf den Beinen. Dabei erinnert er sich, welche drei Tatsachen dazu beigetragen haben, dass er sich in dieser Zeit getragen gefühlt hat: «Gott mein Schöpfer, meine Familie und viele Freunde, mein eigener Wille, gesund zu werden.» Und mit einem Schmunzeln auf den Stockzähnen ergänzt er: «Das medizinische Personal sagte, ich hätte ausgezeichnet kooperiert.»

Aber so ganz ohne Komplikationen geht es dann leider doch nicht. Die Sache ist noch nicht ganz ausgestanden. Leider muss er wegen eines schweren Darminfektes noch einmal für knapp zwei Wochen ins Spital. Wieder zu Hause, versucht er, wieder zu Kräften zu kommen. Das ist eine happige Herausforderung: Er hat in den letzten Wochen wegen der strengen Diät und auch wegen seiner anhaltenden Appetitlosigkeit zwölf Kilo abgenommen. All das erfordert viel Geduld während der Rehabilitationszeit. Er kommt sich manchmal so nutzlos vor, weil er noch nicht in der Lage ist, etwas Konstruktives zu arbeiten. Wieder einmal eine dieser – auch heilsamen – Zwangspausen. «Nun, auch das wird sich in den kommenden Wochen hoffentlich wieder normalisieren», gibt sich Jürg zuversichtlich.

Und doch: Geduld bleibt weiterhin gefragt. Die Rehabilitation ist wahrlich eine reine Geduldsprobe. Jürg lernt dazu und freut sich am Kleinen: Erste leichte Fortschritte sind spürbar. Nach gut zwei Wochen entscheidet er sich, die gleichen Mahlzeiten wie die Familie zu essen. Nur schon dazu muss er sich enorm überwinden. Er ist überzeugt, dass er alles nur in seiner Kraft Stehende tun muss, was zu einer gewissen Normalisierung beiträgt. Auch die 30 Minuten Hometraining pro Tag tun ihm gut. Er muss sich dazu schon ein bisschen überwinden, denn früher hat er wenig Sport gemacht – «ausser das, was fast jeder Schweizer macht: Langlauf, Ski und ein bisschen Tennis».

Nach der Rehabilitation muss Jürg nochmals ins Spital für eine Knochenmarkpunktion. Nochmals dieser schmerzhafte Eingriff, um endgültige Gewissheit zu bekommen, dass die Therapie wirklich gut angeschlagen hat. In etwa einer Woche werden die Resultate der Knochenmarktransplantation verfügbar sein. Er vertraut. Aber die einwöchige Wartezeit ist hart. Ein Auf und Ab der Gefühle. Wie kommt's raus? Was, wenn alles umsonst war? Was wird der Onkologe zur Knochenmarkbiopsie und den Blutwerten sagen?

Benzli ist relativ gelassen. Jürg aber fällt in eine Depression. Eine Herausforderung für beide: Sie stellt sich die Frage, wie sie damit umgehen soll. Sie entscheidet sich bewusst, ihn einerseits positiv zu begleiten, ohne sich andererseits verantwortlich zu fühlen für seine Depression. Sie will einerseits unterstützend und begleitend in der Ehegemeinschaft leben, sich aber andererseits abgrenzen können. Jürg kommt ihr in dieser Zeit vor wie ein dunkler Schatten. Doch dann die Erlösung: Der 27. November ist ein Freudentag! Der Termin beim Onkologen wird zu einem weiteren Highlight. Er teilt freudig mit, dass alle Werte «im grünen Bereich» seien. Es ist keine zweite Chemotherapie notwendig. «Praise God!», schiesst es Jürg durch den Kopf – ein Dank- und Stossgebet geht zum Himmel. Endlich: Nun kann er alle Medikamente absetzen und braucht lediglich noch Knochenaufbaupräparate. Alle in der Familie sind ausserordentlich dankbar über diesen Bericht, und nun kann Jürg in grösseren Schritten zur Normalität übergehen. Jürg will wieder «ganz der Alte» werden. Wobei: Sein Tatendrang wird nicht mehr genau der gleiche sein können wie vorher. Dieses halbe Jahr hat ihn verändert. Er selber muss sich das zuerst eingestehen. Er, seine Familie, seine Mitarbeiter, seine Freunde müssen lernen, damit umzugehen. Aber fürs Erste ist ihm nach Dank zumute, und er erinnert sich gerne an die ganz am Anfang seines Blogs erwähnte Stelle aus Psalm 103, die seine Familie durch die vergangenen Monate begleitete: «Ich will den Herrn loben und nie vergessen, wieviel Gutes er mir getan hat.»

Jürg kommt ihr in dieser Zeit vor wie ein dunkler Schatten. Doch dann die Erlösung: Der 27. November ist ein Freudentag!

So langsam kann Jürg wieder einen geordneten Alltag führen. Welche Erleichterung, welche Freude! Zurzeit mangelt es ihm aber noch am Geschmacksempfinden. Er hat zwar wieder Appetit, vieles schmeckt jedoch noch bitter und sauer. Indes: Auch das wird sich in den kommenden Wochen und Monaten normalisieren. Das ist auch nötig, denn mittlerweile hat Jürg seit dem Mai bereits 16 Kilogramm Körpergewicht verloren. Einige Kilos kamen der Muskulatur abhanden: «Das spüre ich unter anderem an meinen zeitweise wackeligen Knien. Nun trainiere ich und hoffe, auch kräftemässig bald wieder ‹der Alte› zu sein!» Er stellt fest, dass sein Wille, wieder ganz gesund zu werden, tatsächlich sehr förderlich ist. Er macht deshalb auch anderen Mut. Für ihn heisst das konkret, dass er sich manchmal überwindet, Dinge zu tun, die schwierig sind, obwohl ihm eigentlich gar nicht danach ist.

Der positive Befund ist wie Weihnachten und Ostern zusammen – welch gute Voraussetzung nach diesem leidgeprüften Jahr, um nun Weihnachten zu feiern. Gemeinsam mit seinen Schwestern und ihren Familien feiern Opprechts bei seiner Mutter. Jürg ist ausserordentlich dankbar, dass er dabei sein darf und dass es ihm den Umständen entsprechend gut geht. Alle haben den Eindruck, dass sie durch seine Krankheit näher zusammengebracht worden sind. Zusammen mit ihren Kindern verbringen Jürg und Benzli dann ein paar unbeschwerte Tage über Weihnachten und Neujahr an der Lenk.

Das ‹Tagebuch eines Krebskranken› endet Ende 2009 mit diesen bewegenden Zeilen: «Liebe Freunde, es ist eine Weile her, dass ich das letzte Mal berichtet habe. Einige haben telefoniert und gefragt, ob es ein schlechtes Zeichen sei, dass schon lange kein neues Update erschienen ist. Keineswegs! In diesem Fall könnte man sagen ‹Keine Nachricht, gute Nachricht!› Die Resultate der letzten Untersuchungen vor ein paar Tagen waren durchwegs im grünen Bereich. Nun erhalte ich in den kommenden Monaten Infusionen und Tabletten zum Wiederaufbau der Knochensubstanz. An dieser Stelle möchte ich euch allen herzlich danken für euer Interesse, die zahllosen E-Mails, Ermutigungen, Literatur und CDs. All das hat mir sehr viel Mut und Zuversicht vermittelt. Ganz am Anfang dieses Journals hatte ich euch gesagt, dass Benzli und mich die ersten fünf Verse des Psalms 103 sehr ermutigt haben. Sie scheinen sich nun auch zu erfüllen, auch wenn ich mich noch nicht so jung wie ein Adler fühle. Ich führe bereits wieder einen mehr oder weniger normalen Alltag und die Kreativität zum Malen ist wieder da! Zum Wiederaufbau habe ich mir einen Personal Trainer zugelegt. Ich hatte 16 Kilogramm verloren, aber inzwischen wieder sechs Kilo zugelegt. Ein Teil davon ist Muskulatur. Was hat sich bei mir verändert? Familienintern wurden wir zusammengeschweisst, und mein Glaubensleben hat eine neue Tiefe bekommen. So möchte ich in einem gewissen Sinn diese Erfahrung nicht missen, was natürlich nicht heisst, dass ich die vergangenen acht Monate noch einmal durchlaufen möchte! Damit möchte ich dieses Journal nun beenden. Noch einmal danke ich euch für alles, was ich von euch und durch euch an Wertschätzung und Anteilnahme erfahren durfte.»

Fünf weitere Jahre erlebt Jürg Opprecht ganz speziell. Ab 2010 lebt er wieder völlig gesund und macht sich keine Sorgen. Die neu gewonnene Lebensfreude und -qualität lässt alle Sorgen und die latente Gefahr, dass die Krankheit jederzeit wieder ausbrechen könnte, vergessen: «Benzli sagte immer wieder: Wir wollen zusammen 80 werden. Ich meinte jeweils kurz und knapp: Ja, ich bin einverstanden.»

Im Dezember 2014 sagt der Onkologe aber, es tue sich langsam wieder etwas. Die Blutwerte sind nicht mehr optimal. Eine leichte Aktivität der bösartigen Plasmazellen wird sichtbar, aber es besteht noch kein Handlungsbedarf. Im Mai 2015 kommt die Bestätigung. Eine neue Chemotherapie ist erforderlich: «Ich habe das eigentlich wirklich gelassen hingenommen und gesagt – okay, das machen wir.» Er hat nichts zu verlieren und alles in seinem Umfeld ist geregelt, was geregelt sein muss – oder zumindest aufs Tapet gebracht. In der Familie setzt ein anhaltender Prozess ein, in dem es gilt, Erbangelegenheiten und Steuerfragen zu klären. Eines ist sich Jürg Opprecht sicher: «Ich will nicht eine Familie in Unsicherheit hinterlassen. Darum war ich beim zweiten Ausbruch der Krankheit gelassen. Schliesslich habe ich ja bereits sechs Jahre geschenkt bekommen.» Im Juni 2015 wird sogleich mit der leichten, ambulanten Chemotherapie angefangen. Im Oktober muss Jürg Opprecht wieder «einrücken», um im Spital die dreiwöchige hoch dosierte Chemotherapie über sich ergehen zu lassen. Viele Leute fragen ihn, wofür sie beten können: «Ich habe immer gesagt, sie sollen für Friede und Freude beten. Das war für mich das Wichtigste.» Nach dem Spitalaufenthalt merkt Jürg, dass die Wirkung nicht ausbleibt: «Noch selten haben wir so viel gelacht. Zur Freude kam sogar noch Humor dazu. Und ich hatte wesentlich weniger Nebenwirkungen als das erste Mal.»

Er weiss: Trotz einer erfolgreichen ersten und gar zweiten Behandlung ist ein Rückfall bei Patienten mit Multiplem Myelom aus medizinischer Sicht praktisch unausweichlich.

Tochter Noëlle erlebt die Krebserkrankungen besonders nahe mit: «Er war auf das Schlimmste vorbereitet und war trotzdem sehr positiv eingestellt, daher war die Erleichterung gross, als die zweite Chemo so gut verlief. Er beklagte sich nie, war immer sehr dankbar und hatte überraschend viel Humor. Ich war alleine bei ihm, als er seine zweite hoch dosierte Chemo erhielt. Wir waren im Spital, assen zusammen selbstgebackene Cupcakes und staunten über die vielen Infusionsbeutel.» Da habe er gesagt: «Das ist ja wie eine intravenöse Happy Hour!» Deshalb, so Noëlle: «Wir lachten sehr viel. Ich besuchte ihn fast täglich, und ich habe eigentlich nur gute Erinnerungen an diese Zeit.» Sie verhehlt aber auch nicht, dass sie Angst hatte, diese «zweite Runde» überhaupt zu überleben: «Ich sah in ihm immer eine Art ‹Superheld›… Plötzlich merkte ich, dass er bald sterben könnte, und dieser Gedanke bedrückte mich unglaublich. Mein Daddy, der für mich als Tochter als unsterblich galt, war plötzlich schwach und verletzlich.»

Immer wieder wird Jürg daran erinnert, dass der Mensch verletzlich ist. Nicht nur, wer gegen den Krebs kämpft. Als ob es nicht schon genug wäre: Im Zuge der Jahre wird eine andere verletzte Seite immer eklatanter. Eigentlich beginnt es schon mit knapp 40 Jahren: «Ich verlor mehr und mehr den Geruchssinn. Meine Frau hat eine sehr feine Nase, und sie liebt Blumen. Oft sagte sie, wie herrlich diese Rosen duften, oder wie das frisch gedüngte Feld stinke. Mir blieb dann jeweils nur ein ungläubiges Achselzucken.» Niemand ahnt etwas. Männliche Unsensibilität? Vielleicht auch. Oder doch etwas anderes, Schwerwiegenderes? Mit der Zeit gewöhnt man sich auch daran. An eine Krankheit denkt schon gar niemand.

Doch dann – zwischen zwei hochdosierten Chemotherapien – besucht Jürg einen Anlass. Ein befreundeter Arzt sitzt vis-à-vis. Nach dem Anlass macht er ihn auf eine Beobachtung aufmerksam, die er gemacht hat. Zuerst will er es nicht wahrhaben, nimmt sie aber ernst, denn sie könnte auf die Parkinson-Krankheit hindeuten. Also begann er zu recherchieren und stösst dabei auf folgende Frühsymptome: Verminderung oder kompletter Ausfall des Geruchssinns, Schlaf-Verhaltensstörungen mit geträumten und ausgeführten Bewegungen, die sogar andere gefährden können, Schmerzen in Muskeln und Gelenken, fehlendes Mitschwingen der Arme beim Gehen, ausdrucksloses Gesicht, Probleme bei feinmotorischen Tätigkeiten, Muskelzucken oder Muskelstarre.

«Ich war schockiert. Fast alles traf bei mir zu. Einmal schlug ich im Traum wild um mich und traf dabei meine Frau, ein andermal hechtete ich aus dem Bett und verletzte mich dabei. Trotzdem: Natürlich dachte damals niemand an Parkinson. Und natürlich werde ich heute immer wieder gefragt, wie ich denn das gemerkt habe, was die ersten Anzeichen gewesen seien.»

Doch jetzt ist es klar: Höchste Zeit, einen Neurologen aufzusuchen! «Die Diagnose brachte ich gleich mit zu ihm.» Ein umfangreicher Test in der Memoryklinik des Inselspitals kommt zum Schluss, dass es keine Demenz ist: «Gott sei Dank!», atmet Jürg auf. Denn nun können die richtigen Medikamente gesucht werden: «Und da bewies der Neurologe ein goldenes Händchen. Er erklärte mir, jeder Patient habe ‹seinen eigenen Parkinson›.» Die Krankheit, so erfährt Jürg, ist zwar nicht heilbar, aber es gibt gute Medikamente, um die Symptome zu bekämpfen.

Veränderungen stellen sich ein. «Meiner Frau fielen meine anderen Verhaltensweisen natürlich auch auf: Kleinere Schrift, auf Fragen längere Pausen bis zur Antwort, verlangsamte Reaktionsfähigkeit. Letzteres führte dazu, dass mir dringend vom Autofahren abgeraten wurde. Nun begann ich, den öffentlichen Verkehr zu nutzen und entdeckte, dass man in Bern ohne Auto ganz gut auskommt!» Aber eines tat ihm sehr weh: «Ich durfte nicht mehr mit meinem geliebten Jaguar XK 120, Baujahr 1954, fahren. Zum Glück war und ist es aber nicht schwierig, einen Chauffeur zu finden, der dieses wunderbare Sportcabrio mit mir als Beifahrer spazieren fährt!» Trotz allem: Der Schalk und die Lebensfreude sind Jürg nicht abhandengekommen. Insbesondere bereiten ihm lange Sitzungen, Stresssituationen und mehrstündige Flüge zusehends Mühe.

Leider sind unter diesen Umständen auch die Eishockeyspiele des SC Bern kein Vergnügen mehr. Das Symptom der «Restless Legs» (ruhelose Beine) bedeutet schmerzhafte Verspannungen in der Muskulatur. Jürg muss Konsequenzen ziehen: «All das bewog mich zur schrittweisen Abgabe des Präsidiums der Stiftung BPN und der Lenkerhof AG. Dank ausgezeichneter Mitarbeitender konnten wir diese Stellen mit langjährig Vertrauten besetzen. Gleichzeitig war es die Chance, eine neue Generation ans Ruder zu lassen. Im Stiftungsrat ist nebst meiner Frau Benzli auch meine Tochter Noëlle vertreten. Als Betriebswirtin ist sie geradezu prädestiniert dazu – und sie war schon immer ein grosser Fan von BPN.»

Hier stellte sich Jürg wieder einmal die Frage: Was trägt mich durch? «Dazu kommt mir der Spruch von Reinhold Niebur in den Sinn: ‹Gott, gib mir die Gelassenheit, Dinge hinzunehmen, die ich nicht ändern kann, den Mut, Dinge zu ändern, die ich ändern kann, und die Weisheit, das eine vom anderen zu unterscheiden.›»

«Also, was kann ICH ändern respektive zur Besserung beitragen? Was ist meine Patientenkompetenz? Malen, das konnte ich noch! Und die Farben wurden fröhlicher! Ich malte eine Serie zum Thema ‹Neue Horizonte›. Ich entschied mich, meine Lebenserfahrungen an die junge Generation weiterzugeben, jenen Hoffnung zu geben, die in einer Sackgasse steckten. Meine Frau unterstützt mich sehr und betont immer wieder: ‹Wir gehen das miteinander durch.› Es ermutigt mich, dass sie zusätzliche Verantwortung in der Stiftung BPN und im Verwaltungsrat der Lenkerhof AG übernommen hat. Wir haben uns auch explizit entschieden, meine Krankheit nicht zum Lebensmittelpunkt machen. Auch das ist Patientenkompetenz!» Benzli ermutigt ihn immer wieder mit Zusprüchen, die ihm Auftrieb geben und ihn auf seinem Weg bestätigen: «Du haderst nie mit deinem Schicksal.» «Du hast nie Selbstmitleid.» «Du hast den Humor nicht verloren.»

> «Gott, gib mir die Gelassenheit, Dinge hinzunehmen, die ich nicht ändern kann, den Mut, Dinge zu ändern, die ich ändern kann, und die Weisheit, das eine vom anderen zu unterscheiden.»

Tatsächlich: Jürg macht das Beste aus den manchmal wirklich nicht einfachen Umständen. So hat sich ein Ritual zu früher Morgenstunde eingestellt: «Ich erwache häufig um zwei Uhr morgens und kann nicht wieder einschlafen. Als wirksam hat sich dabei erwiesen, im Zimmer zu spazieren, aus dem Kühlschrank ein Himbeerjoghurt zu geniessen oder eine warme Milch mit Honig zu trinken. Wenn ich auch dann nicht wieder einschlafen kann, schaue ich eine Sendung über die Aufklärung von Kriminalfällen durch wissenschaftliche Methoden.» Die Spannung scheint auch wieder schläfrig zu machen: «Sobald dann Müdigkeit eintritt, kann ich weiterschlafen», sagt Jürg mit einem verschmitzten Lächeln ohne jeden Groll.

Nicht alles wird Jürg «verboten»: «Zum Glück steht auf der roten Liste kein Verbot für Velofahren. So kaufte ich im Internet ein gebrauchtes, aber schönes Cruiser Bike und ein neues E-Bike, mit dem ich im Tessin auch Anstiege bewältigen kann. Das macht mehr Spass, als daheim rumzusitzen und die Stunden zu zählen. Und last but not least will ich mir die

Gabe bewahren, über meine Defizite und über mich selber lachen zu können. Auch das gehört zur Patientenkompetenz...»

Ob Krebs oder Parkinson: Jürg schöpft immer wieder neue Hoffnung aus dem Glauben wie auch aus der Entwicklung der menschlichen Heilungsmöglichkeiten. Er weiss: Die Medizin hat nur schon in dieser Zeit enorme Fortschritte gemacht. Es gibt neue, wenn auch sehr teure Mittel, die einen komplett neuen Ansatz verfolgen. Speziell zur Behandlung des Multiplen Myeloms sei sehr viel Entwicklungsarbeit geleistet worden, bestätigt der Onkologe. Die aktuelle Forschung basiert vor allem darauf, dass Medikamente das Immunsystem stärken und zugleich den Krebs bekämpfen. Entsprechende Mittel werden ihm verschrieben: «Das gibt Hoffnung für die Zukunft, selbst wenn die Krankheit wieder ausbrechen sollte.» Aber was heisst das – wie geht ein latent gefährdeter Patient, wie geht Jürg Opprecht damit um? «Beim ersten Mal im Jahr 2009 habe ich den Spezialarzt für hochdosierte Chemotherapien gefragt, wie lange ich noch zu leben habe: Er nannte einen Zeitraum zwischen sechs Monaten und zehn Jahren. Ich mache mir überhaupt keine Sorgen um die Zukunft. Ich klammere mich auch nicht an meine Gesundheit – ich bin schon ein bisschen befreit von der Erdengebundenheit.»

Lessons learned

Gesundheit ist etwas Kostbares, hat aber nicht die erste Priorität im Leben. Lieber krank sein, und Friede und Freude haben, als gesund sein und freud- und friedlos leben.

«Patchwork – oder: Einheit in der Vielfalt.»

7. Fazit

> **Jürg und Gott**
>
> *Jürg:* Was bleibt?
> *Gott:* Alles, was nicht Jürg ist.
> *Jürg:* Was heisst das?
> *Gott:* Alles Ding hat seine Zeit, aber es gibt auch den Ewigkeitswert.
> *Jürg:* Wie ist das zu verstehen?
> *Gott:* Loslassen, vertrauen, mit mir vorwärtsgehen, etwas wagen. Es gibt mehr als materielle Werte, sogar noch mehr als menschliche Beziehungen. Suche den symbolischen Diamanten und werde glücklich.
> *Jürg:* Den will ich finden! Hilfst du mir, dass der Feind ihn mir nicht stehlen kann? Er ist ständig auf der Lauer.
> *Gott:* Weder Hohes noch Tiefes kann dich scheiden von meiner Liebe, die sich in Jesus Christus offenbart. (Römer 8.39)

Was bleibt? Die lange Antwort auf diese kurze Frage ist Jürg Opprecht ein besonderes Anliegen. Jede Person kann bleibende Werte schaffen. Jede Person bleibt in den Herzen anderer verankert: «Aber eine Person hat in unvergleichlicher Weise Werte geschaffen. Und zwar für die Ewigkeit», ist er überzeugt: «nämlich Jesus Christus.» Opprecht beurteilt diese Frage nach dem, was bleibt, folgendermassen: «Man kann es drehen und wenden, wie man will. Man kann es humanistisch oder fromm ausdrücken. Man kann glauben oder nicht. Aber eines ist sicher: Die Frage, wie und wo wir die Ewigkeit verbringen werden, und ob es die Ewigkeit in irgendeiner Form gibt, beschäftigt alle – mehr oder weniger.» Deshalb, so ist er überzeugt, lohnt es sich, sich schon in diesem Leben Gedanken über den «Ewigkeitswert» der eigenen Persönlichkeit zu machen. Was bleibt? Was ist gut?

Die Frage stellt sich allen: Was ist mein Lebensauftrag? Meine Berufung? Meine Mission? Jürg Opprecht spitzt sie zu: «Wer seine Berufung nicht erkannt hat, muss unbedingt danach streben, sie zu finden. Aber ohne Druck und schlechtes Gewissen – einfach mit dem Wunsch, mehr vom Leben zu haben.» Er selber weiss, dass man im Verlauf eines langen Lebens Entscheidungen immer wieder in Frage stellen oder anders treffen kann: «Ich bin jetzt im Pensionsalter und setze Prioritäten schon mal anders. Ich möchte mehr Zeit haben für meine Kinder, auch wenn sie jetzt erwachsen sind. Ich will mich auch mehr der Malerei widmen und anderen von meiner Lebenserfahrung weitergeben. Manchmal kommen Anrufe von jungen Leuten, die ein Gespräch mit mir wünschen. Manchmal kenne ich diese Menschen nicht einmal. Aber eines weiss ich: Jungen Leuten meine Lebenserfahrungen weiterzugeben, das mache ich gerne.» Er schränkt aber zugleich ein: «Ich bin kein Coach. Meistens bleibt es bei wenigen Gesprächen, in denen ich Impulse weitervermitteln kann.» So denkt er gerne an die Begebenheit mit dem Geschäftsmann aus dem Ausland, dessen Firma Fenster und Türen herstellt. Der Unternehmer wollte ein Event organisieren und Patenschaften von BPN propagieren. Jürg war komplett überrascht, zumal der Geschäftsmann sagte, er habe ein Treffen mit Jürg gehabt, das sein Leben verändert habe: «Ich habe keine Ahnung, was ich damals sagte. Aber ich freue mich, dass meine Gedanken Kreise ziehen. Und das machen die Gedanken und Taten eines jeden Menschen. Es sind gute Aussichten, wenn man anderen etwas weitergeben und Veränderungen auslösen kann. Noch besser sind die Aussichten, wenn man weiss, dass man dafür nicht besonders gescheit oder gut oder wohlhabend sein muss. Manch eine Putzfrau oder manch ein Strassenwischer hat die Leben vieler Menschen geprägt, ohne dass sie es vielleicht wissen. Das Wichtigste und Beste, das bleiben soll, ist aber das Losgelöstsein von diesem Leben hier auf dieser Erde. Denn Christen wissen ja, dass es nachher noch besser wird – eine schöne Aussicht von A bis Z, ob man nun Anwalt oder Zimmermann sei!»

Vieles hat Jürg Opprecht selber erlebt. Vieles kann er nur erahnen. Seine Optik ist immer diejenige eines initiativen und visionären Geschäftsmannes, der manchmal auf der Beziehungsebene im eigenen Leben gewisse Defizite feststellen muss. Das geht bis zu seinem Elternhaus zurück: «In den Gesprächen mit meinem Vater über die Nachfolge im Unternehmen machten wir eine interessante Erfahrung. Beiden wurde die biblische Geschichte um die Nachfolge von König David wichtig. Mein Vater sah die Analogie zwischen David und Salomo als dessen Nachfolger für uns. Salomo sollte den Tempel bauen, den sich David so sehnlichst gewünscht hatte. Ich sah es nicht grundsätzlich anders, aber mir wurde bewusst, dass der Auftrag von Salomo ein anderer war als jener von David. David wollte einen Tempel bauen. Der Prophet Nathan verwehrte es ihm mit dem Hinweis auf das «Blut an seinen Händen». Doch David wurde der Platz für den Tempel gezeigt, und er konnte entsprechende Vorbereitungen für den Bau treffen (Die Bibel, 2. Samuel 24). Sein Sohn Salomo hat dann den Tempel tatsächlich gebaut. Wir finden den Bericht im biblischen Buch 1. Könige.» Ist der Vergleich nicht etwas vermessen? Im Gegenteil: «Es geht mir gar nicht darum, mir ein Denkmal zu setzen. Ich verstehe meinen Lebensauftrag vielmehr so, dass das, was ich mache, dazu dient, Gottes Reich zu bauen, ihm und den Menschen zu dienen. So verstehe ich meinen Lebensauftrag. Wahrlich nicht sehr spezifisch. Aber so ist Gott. Er schlägt quasi, menschlich gesagt, weit vorne einen Pflock ein und überlässt es uns, den Weg zum Ziel zu erforschen.»

Am biblischen Beispiel von König David und seinem Sohn Salomo orientiert sich Jürg Opprecht auch, wenn es um das Vater-Sohn-Verhältnis oder um die Familie generell geht. Er spitzt es so zu: «Wer sich selber und seine Familie nicht führen kann, wird kaum Mitarbeitende führen können. Intakte Beziehungen im engsten Kreis sind wichtige Voraussetzungen für intakte Beziehungen am Arbeitsplatz. Ich habe an verschiedenen Orten engagierte Manager erlebt, die absolut vorbildlich waren und dann doch scheiterten, weil mitunter wegen des fehlenden Familienfriedens auch der Halt im Leben fehlte.»

> **Wer sich selber und seine Familie nicht führen kann, wird kaum Mitarbeitende führen können.**

Die Beziehungsebene ist wichtig – zu Hause und im Geschäft. Auch wenn Jürg Opprecht die Beziehung zu seinem Vater nicht sonderlich gut erlebt hat, ist er dankbar, dass er in Vaters späten Jahren während eines kurzen Gesprächs dessen Segen bewusst in Anspruch nehmen durfte, indem er sagte: «Du bist auf dem richtigen Weg.» Das war für Jürg wie eine neue Offenbarung: «Nie zuvor hatte er sich in dieser Art und Weise geöffnet, und er wirkte während diesen 10 Minuten, in denen wir sprachen, trotz seiner Krankheit, die ihn sehr stark körperlich und mental beeinträchtigte, völlig klar und bestimmt. Es war wie ein Fenster in der Dunkelheit seiner Krankheit. Diese und andere Erfahrungen aus der Vergangenheit prägen meine Gegenwart und Zukunft. Sie sind wie ein Vermächtnis, das mich bewusst oder unbewusst begleitet.»

Begleitet hat Jürg auch die calvinistische Lebensphilosophie seines Vaters. Gerne hält er sich zudem an den englischen Erweckungsprediger und Vater der Methodisten, John Wesley, der die These aufstellte, dass den christlichen Tugenden wie Fleiss, Treue, Disziplin, Genügsamkeit und Sparsamkeit eigentlich automatisch Wohlstand folgen müsste. Doch

Wesley berücksichtigte in seiner These die grosse menschliche Schwäche: Wenn der Wohlstand einmal da ist, macht sich der Mensch oft von Gott unabhängig und strebt nicht mehr danach, diese Tugenden zu leben. Opprecht hat diesen Aspekt in seinen «Sieben Schritten auf dem Weg zur Kingdom Company» aufgegriffen, die er im Buch «Jesus auf der Chefetage» zusammengefasst hat. Dort zitiert er Wesleys Überzeugung zusammenfassend in drei einprägsamen, kurzen Sätzen: «Erwirb, so viel du kannst. Spare, so viel du kannst. Gib, so viel du kannst.» Dies, so Opprecht, sei von zentraler Bedeutung für Geschäftsleute, denen er sieben Leitgedanken mit auf den Weg gibt. Erstens thematisiert er die persönliche Werteskala und ermutigt, Entscheidungen bewusst im Dialog mit Gott zu prüfen: «Streben Sie nicht nach Macht, aber übernehmen Sie Verantwortung, als ob Sie Macht hätten.» Zweitens rät er dazu, «mit Gott auf Du und Du zu sein». Drittens bringt er seine eigene Erkenntnis ins Spiel, die sein Leben total verändert hat – nämlich der Wandel vom Eigentümer zum Verwalter, indem er Watchman Nee zitiert: «Wer nicht gelernt hat, sich unterzuordnen, wird auch nicht führen können.» Was sich viertens bei Jürg Opprecht durchzieht, auch wenn er damit immer wieder selber zu kämpfen hat, ist die Beziehungsebene: «Wenn Sie Ihren Mitarbeitern Wertschätzung entgegenbringen, so säen Sie Segen für sich selber und für die Firma.» Wobei dies nicht heisse, «einfach lieb zu sein», sagt Opprecht, um fünftens anzufügen, wie erfolgsbestimmend es ist, die richtigen Mitarbeiter zu wählen, die motiviert helfen am Erfolg mitzubauen. Sechstens thematisiert er auch im geschäftlichen Zusammenhang den «Ewigkeitswert», den er bewusst über den Shareholder Value, den Marktwert des Eigenkapitals eines Unternehmens, und auch über den Stakeholder Value, dem Wert eines Unternehmens oder eines Projekts für alle möglichen Anspruchsgruppen, stellt. Aber auch über den «Shared Values», die Werte in einem Unternehmen, die den Mitarbeitenden in Fleisch und Blut übergegangen sind und die eine Firmenkultur ausmachen. Siebtens formuliert er, dass alle diese Kriterien helfen, aus einem Unternehmen in jeglicher Hinsicht ein Spitzenunternehmen und noch mehr zu machen, was er als «Kingdom Company» bezeichnet: «Die Kingdom Company geht noch einen Schritt weiter: Sie ist ein Spitzenunternehmen in dem Reich Gottes manifestiert wird und Eternal Values geschaffen werden. Betrachten Sie die Gegenwart aus der Perspektive der Ewigkeit. Gott hat andere Beurteilungskriterien als die Welt. Der Applaus, den Sie hier erhalten, wird sich vielleicht im Himmel nicht wiederholen. Die Niederlage, für die Sie hier ausgebuht werden, wird im Himmel vielleicht als Sieg gefeiert.»

Eines ist sich Jürg ganz sicher: «Was wir machen, sollten wir aus Leidenschaft oder Berufung machen. Das heisst nicht, dass wir immer nur das tun können, was uns riesige Freude macht. Aber es soll doch so sein, dass uns unsere Aufgaben mit Begeisterung erfüllen. Das ist ein Weg, für den wir uns Zeit lassen dürfen. Manche – selbst junge – Leute wissen genau, was sie im Leben wollen. Andere, vor allem wenn sie vielseitig begabt sind, brauchen Zeit herauszufinden, was ihr Beruf oder ihre Berufung ist oder wie sie ihr Leben gestalten sollen.

Erfolgreiche Leute sind nicht diejenigen, die keine Fehler machen, sondern jene, die bereit sind Risiken einzugehen und aus Fehlern zu lernen: Es ist keine Schande umzufallen, solange man wieder aufsteht. Damit wird auch der Charakter gebildet und gestärkt, was genau so wichtig ist wie Fachwissen.»

Es gab Höhen und Tiefen in Jürg Opprechts Leben. Für beides ist er dankbar. Für die Höhen der Freude und des Glücks, wie auch für die schwierigen Zeiten: «Sie haben meine Beziehung zu Gott vertieft und gefestigt, und sie haben meinen Charakter gefestigt. Die Zeiten meiner Krankheit haben mir gezeigt, wie erdengebunden ich war. Die wachsende Abhängigkeit von Gott hat mich mehr und mehr gelöst von allem Vergänglichen: Wenn stimmt, was die Bibel über das Leben nach dem Tod sagt, wird es in der Ewigkeit ja unendlich viel schöner und besser sein. Das ist doch eine gute Botschaft!» In diesem Zusammenhang sieht Jürg Opprecht seinen Traum, in dem er sich auf einem Ackerfeld sieht. Rückblickend kann er sich gut mit den Bildern identifizieren: Den Baumstrunk sieht er als Symbol für seine Rückschläge, Schwächen, seine Krankheit. Als Diamanten macht er das kostbare, oft verborgene Geheimnis des Glaubens aus, nämlich Jesus Christus. Im gepflügten Acker sieht er seine Arbeit und in der Goldschicht den Segen der Arbeit. Er fühlt sich getragen, denn für ihn gilt in diesem Moment die Erkenntnis, die Ewigkeitswert hat: Der Diamant trägt auch den Baumstrunk. Gott hat das Schwache, Zerbrochene erwählt und ihm Würde verliehen.

Diese goldene Erfahrung wünscht er sich für die ganze Welt – insbesondere auch im Hinblick auf die Flüchtlingsproblematik des 21. Jahrhunderts: Die westlichen Länder müssen sich zusammenraufen, um Lösungen zu finden. Die Priorität soll darauf gelegt werden, dass den Menschen im eigenen Land – trotz Schwierigkeiten – geholfen wird. Jürg Opprecht will mit seinem Engagement weiter dazu beitragen, das Grundproblem zu lösen: «Darum ist meine Vision, dass meine Stiftung Business Professionals Network in 20 bis 25 Ländern tätig sein wird. Was mich sehr beschäftigt ist das grosse Übel der Korruption, die sich in Politik und Wirtschaft immer mehr verbreitet.» Die Ursache sieht er in der Geldgier und gibt zu bedenken, dass viel Unheil vermieden werden kann, würden nur die christlichen Werte mehr beachtet.

Eine kleine Geschichte macht deutlich, wie alle mit sehr wenig Aufwand einen ganz persönlichen Beitrag leisten können: Als Sohn Jon in die Schule kam, hat ein ausländischer Klassenkamerad immer gestört und ist negativ aufgefallen. Jon beschäftigte diese Situation und erzählte zu Hause davon. Benzli ermutigte ihn, den Störenfried einmal nach Hause zum Mittagessen einzuladen. «Wir trauten unseren Augen nicht», berichtet Jürg: «Sein Vater brachte ihn mit dem Auto, weil er so viele Geschenke mitnahm, die er alleine gar nicht hätte tragen können. Von diesem Moment an war dieser Junge wie verwandelt – die Eltern waren sehr dankbar. Das zeigte mir, wie wichtig es ist, unseren Ausländern mit Würde zu begegnen und so zu ihrer erfolgreichen Integration beizutragen.» Auch das ein Stückchen Himmel auf Erden, ein Stückchen Ewigkeitswert.

Zu verschiedenen Zeiten durfte Jürg Opprecht in seinem Leben in verschiedenen Lebensbereichen auf verschiedene Mentoren zählen. Nicht zuletzt ist Jürg Opprecht jenen «Mentoren» dankbar, die er gar nicht persönlich kennt, deren geistliches und geistiges Erbe aber sein Denken und das Denken weiter Teile der Welt prägt. Einer davon war Henry Dunant: Als er auf dem Schlachtfeld von Solferino Freund und Feind sterben sah, ohne dass sich jemand um sie kümmerte, gebar er die Idee des Roten Kreuzes. Heute wäre diese Institution nicht wegzudenken. Dunant stellte sich uneigennützig in den Dienst der Menschheit. Gerne nennt Jürg Opprecht auch Mutter Teresa: «Ich hatte nie das Privileg, sie zu treffen. Ein Freund von mir durfte sie persönlich kennenlernen und war fasziniert von der tief gläubigen Christin, die viel Leid linderte, Ewigkeitswert schaffen wollte und dem einen, wichtigsten Ziel diente, das höher als sie selber war: In allem und mit allem gab sie Gott die Ehre.»

«Die Vielzahl von Erfahrungen bilden das Fundament für den Erfolg.»

Autorenporträt

Roman Salzmann beschreibt, begleitet und berät als Buchautor, Coach, Journalist, Kommunikationsberater, Unternehmer und Vorstandspräsident Menschen und Organisationen in Wirtschaft, Politik, Gesellschaft und Kirche. Er liebt Herausforderungen und lebt seine Berufung als Führungskraft, Kommunikator und Motivator.